히말라야, 네팔에 희망을 심다

나마스떼, 닥터 양!

생명의말씀사

* '나마스떼'라는 말은 "당신 마음에 있는 신에게 경배를 드립니다"라는 인사말. 우리식으로 말하자면 "안녕하세요" 쯤이 될 것이다. 크리스천들은 나마스떼 대신, '저이머시!' 라고 인사한다. 이 말은 "예수님은 우리의 승리가 되십니다"라는 의미다.

히말라야, 네팔에 희망을 심다
구제: 나마스떼, 닥터양!

ⓒ 생명의말씀사 2012, 2014

2008년 2월 20일 1판 1쇄 발행
2008년 12월 31일   7쇄 발행
2014년 7월 20일 2판 1쇄 발행

펴낸이 | 김재권
펴낸곳 | 생명의말씀사

등록 | 1962. 1. 10. No.300-1962-1
주소 | 서울시 종로구 경희궁1길 5-9(110-062)
전화 | 02)738-6555(본사)·02)3159-7979(영업)
팩스 | 02)739-3824(본사)·080-022-8585(영업)

지은이 | 양승봉, 신경희
사 진 | 최종훈

기 획 | 구자섭
책임편집 | 최종훈
편 집 | 박미현, 박혜주
디자인 | 오수지, 오은진
인쇄 | 영진문원
제본 | 정문바인텍

ISBN 978-89-04-10121-4 (03230)

저작권자의 허락없이 이 책의 일부 또는 전체를
무단 복제, 전재, 발췌하면 저작권법에 의해 처벌을 받습니다.

천국은 마치 밭에 감추인 보화와 같으니

사람이 이를 발견한 후 숨겨 두고 기뻐하며

돌아가서 자기의 소유를 다 팔아 그 밭을 사느니라

_ 마태복음 13:44

The kingdom of heaven is like treasure hidden in a field.

When a man found it, he hid it again,

and then in his joy went and sold all he had and bought that field.

_ Matthew 13:44

추천의 글 ① | 박상은 · 안양샘병원 병원장, 누가회 전 이사장

닥터 양의 탐험은 아직 끝나지 않았다

　우리는 모두 멋진 유람선을 타고 천국으로 항해하는 승객들과도 같다. 갑판에 나와 일광욕을 하며 바깥 경치를 구경하노라면 간간이 섬도 보이고 갈매기가 날아가는 풍경도 접하며 여행의 운치를 느끼곤 한다. 그런가 하면 스킨스쿠버들은 배 위에서 보는 것에 만족하지 않고 바다로 뛰어든다. 바다 속으로 들어가 보니 선상에서는 상상하지 못했던 멋진 신비로운 세계가 펼쳐지고 있다. 해초 사이를 헤엄치는 형형색색의 열대어들과 아름다운 산호섬을 바라보며 해면 위로 나와 선상 위의 우리들을 향해 뛰어내리라고 손짓을 한다.

　의사 양승봉. 그는 의사에게 보장된 안락한 삶에 안주하지 않고 미지의 바다로 뛰어내린 것과 같은 인생을 살고 있다.

　그는 네팔을 가지고 있다. 두 팔로 수술하고 두 팔로 네팔 사람들을 껴안고 있다. 보이지 않지만 닥터 양 뒤에서 그를 통해 내미는 두 팔은

하나님의 것임이 분명하다. 네팔 산골에서 그가 쓴 14년 섬김의 일기를 읽고 있노라면, 어느새 히말라야 산골짜기의 탄센 마을에 와 있는 듯한 느낌이 든다. 마치 세르파의 도움으로 에베레스트에 오르는 것처럼, 닥터 양은 이 책을 통해 우리를 주님과 함께 거하는 아름다운 삶으로 인도한다.

25년 전 수련의 시절, 그는 대학교수를 꿈꾸며 장기려 박사의 마지막 제자로 지독히 열성적으로 학문을 연마했다. 그리고 하나님께서는 정말 그를 네팔의 장기려로 만드셨다. 양승봉 선교사는 훌륭한 외과의로 환부를 도려낼 뿐 아니라, 자신의 가장 소중한 삶의 가운데 토막을 잘라내 네팔사람들에게 내놓았다. 그는 네팔의 수많은 젊은 의사들을 기독 의료인으로 길러냈을 뿐만 아니라, 네팔기독의사회를 발족시켰다. 환자를 사랑하는 임상의이면서, 잘못된 사회 제도를 바꾸고 의료보험제도를 네팔에 도입하기 위해 그는 백방으로 뛰고 있다.

오늘의 그가 있기까지는 그토록 사랑하는 아내 신경희 사모의 헌신적인 동역이 있었으며, 진모, 경모, 인모 세 아들의 고통 분담의 희생이 있었음을 기억한다. 삼형제는 이 책을 통해 아버지와 어머니에 대한 무한한 자부심을 가져도 좋으리라.

우리는 모두 닥터 양 가족이 일구어낸 네팔 선교 현장이야기를 통해 하나님의 살아계심과 위대하심을 경험하게 될 것을 확신한다. 그리고 이 책을 읽고 난 후 우리의 삶이 변화되어 닥터 양을 따라 우리도 미지의 세계로 나아가는 놀라운 기적이 일어나기를 간절히 소원해본다.

닥터 양의 친구, 박상은

추천의 글 ② | 이상규 · 고신대학교 부총장

타고난 의사가 아닌 다듬어진 명의

양승봉 선교사를 처음 만났던 건 1981년 1월이었다. 꼭 27년 전이다. 그때 나는 부산 삼일교회 대학부 담당 교역자로 부임했고, 양 선교사는 의대를 갓 졸업한 청년의사로서 대학부의 선배였다.

이때부터 함께 대학부를 섬기면서 나는 그의 수련의 과정, 결혼, 군의관 복무, 외과의사로서의 활동, 뉴질랜드에서의 선교 훈련, 그리고 네팔에서의 의료 활동 등 그의 삶의 여정을 때로는 가까이에서 때로는 먼발치로 지켜보게 되었다.

나는 지난 27년간 그의 여정을 지켜보면서 선교사는 태어나는 것이 아니라 만들어진다는 자명한 사실을 거듭 확인하게 되었다. 이 책 속에도 부분적으로 정리되어 있지만 양승봉 선교사가 오늘의 존경받는 의료 선교사가 되기까지는 자기 자신과의 끊임없는 내면의 고투를 거쳐야 했고, 더 좋고 더 높은 신분으로의 부단한 요구를 거절해야만 했다. 카트만두의 비탈진 언덕길이나 문명의 빛으로부터 소외된 산막(山幕)의 거처, 이국에서의 불편한 생활, 그것보다 더 고통스런 아픔은 선교지로 떠나는 순간부터 의사로서 의료적으로 첨단 지식과 기술로부터 소외될 수밖에 없다는 현실일 것이다. 그러므로 그 모든 것들은 촉망받던 외과의사인 그로서 감수하기 어려운 결단이었을 것이다. 그러나 그는 자신의 희생을 감수하고 단 한번 의료봉사로 알게 된 네팔에서의 부름을 거절하지 않았다.

한국에 있는 동료 의사들의 비상(飛上)은 그만두고라도 안식년으로 돌아왔을 때 변변한 거처조차 없는 현실에서 국내에서의 부름을 마다하고 의료선교를 계속하는 일은 쉽지 않았을 것이다. 때로 그는 절망하거나 유실(流失)의 아픔을 경험했을 것이다. 그럼에도 불구하고 지난 13년 동안 오직 한 길, 가난한 네팔사람들의 아픔을 가슴에 안고 탄센과 카트만두를 오가며 저들의 상한 육신을 어루만지는 선한 의사의 길을 간 것은 자기 부정의 헌신이 있었기 때문이었다. 그는 선교사로 태어나지 않았고 선교사로서 자신을 다듬어갔다.

양승봉 선교사의 마음에는 주님에 대한 사랑과 가난한 이들에 대한 연민이 떠나지 않았다. 하나님 사랑은 항상 그를 매는 줄이었다. 그는 하나님 사랑이 무엇인가를 자신의 삶을 통해 보여주었다. 열악한 환경에서 부서지는 육체의 아픔을 안고 살아가는 사람들, 치료 한번 받기 위해 일주일, 아니 한 달을 와야 하는 사람들, 우리 돈으로 치자면 고작 몇만 원이 없어 고통을 숙명으로 알고 평생 살아가야 하는 사람들, 이들을 위해 하루에도 크고 작은 수많은 수술을 하며 그들에게 베푼 인술은 하나님의 사랑이었다.

희생 없는 사랑은 진정한 사랑일 수 없다. 사랑은 자기 희생이다. 주님에 대한 진실한 사랑 때문에 양 선교사는 이 시대의 가치로부터의 절맥(絕脈)을 마다하지 않았다. 그리고 자기 인생의 가장 중요한 시기의 한 토막을 GNP 200달러도 되지 않는 오지의 열악한 환경에 헌신적으로 드렸다. 그런 그에게 있어서 유수한 병원의 외과과장직이나 의대 교수직은 특별한 그 무엇이 아니었다.

이 책 속에 기록된 선교일기는 네팔에서 보낸 13년간의 사역의 일부일 뿐이다. 그는 밀려오는 고통의 긴 행렬을 보면서 휴식 없는 삶을 살아왔다. 자신의 전공인 일반외과 외에도 정형외과, 성형외과, 심지어는 산부인과 환자까지 수술하지 않을 수 없었다. 이런 분주한 일상 가운데서도 의학서적을 뒤지며 새로운 기술을 배우려는 근면함 때문에 그는 헌신된 의사로서만이 아니라 '명의' 라는 명성을 함께 얻었다. 선교지로 향하는 순간 의사로서 뒤질 수밖에 없는 현실을 극복하게 된 것은 그의 근면함으로 얻은 결실이었다.

내가 지켜본 양승봉 선교사는 관후한 인격의 사람이다. 그저 묵묵히 자기에게 주어진 일에 최선을 다하는 사람이다. 그는 자기를 드러내거나 자신에 대해 요란하지도 않다. 그의 신실한 섬김은 사람들에게 감동을 줌으로써 점차 알려지게 되었을 뿐이다. 그는 유창하게 말하지 않지만 그의 말에 감동이 묻어나는 것은 그의 삶이 신실하기 때문이다.

솔직히 나는 그의 소박한 인간미와 변함없는 주님 사랑에 늘 감동했다. 의대생 때부터 말씀을 묵상하고 언제나 자신의 집을 개방하여 동료 의사들과 성경공부를 하며 살아왔던 그 일관된 생활이 가져온 결과일 것이다.

이 책은 한 의료선교사 부부가 네팔에서 겪었던 선교 기록이지만 이 책의 내용보다 더 중요한 것은 양승봉·신경희 선교사 부부가 어떤 종류의 인물인가 하는 점이다. 사람은 속에 있는 것을 드러내기(成於中形於外) 마련인데, 이 책 속에 기록된 감동적인 기록들은 양 선교사 가족의 하나님 사랑과 이웃 사랑이 빚어낸 결실이다. 말하자면 사랑과 헌신과 희생이 얼마나 큰 힘을 지니는가를 보여준다. 이 책을 읽어보면 하나님께서 양승봉 선교사를 쓰신 이유를 알게 될 것이다.

　동시에 이 책은 선교가 무엇이며, 주님을 위해 일한다는 것이 무엇인가를 보여줄 것이다. 나는 그 한 가지만으로도 오늘의 한국교회에 소중한 가르침을 줄 것이라 믿는다. 양승봉 선교사와 같은 이들이 있다는 사실은 우리 시대의 기쁨이자, 아프카니스탄 사태로 야기된 기독교 선교에 대한 일반인의 오해와 반감을 불식시킬 수 있는 최선의 대안이라고 믿는다.

이상규

목 차

- 추천의 글 1 | 닥터 양의 탐험은 아직 끝나지 않았다 · 박상은 … 004
- 추천의 글 2 | 타고난 의사가 아닌 다듬어진 명의 · 이상규 … 007

- 여는글 | 네팔 13년, 한나절 신나는 사이클링처럼 … 015

봄, 미지의 땅을 향하여

- 다음을 알 수 없으므로 더 흥미로운 길 … 027
- 보이지 않는 손길은 언제나 작업중 … 039
- 이겨내거나 또는 적응하거나 … 051
- 섬김, 성실과 겸손으로 … 063
- 로버트와 루스, 황금기 초입에서 만난 친구 … 075

여름, 그 황금기의 기억

- 황금기의 첫 아침 … 087
- 레스 도난, 세대를 건너 이어지는 헌신 … 099
- 인모, 선물로 또는 사랑의 빚으로 … 111
- 가운을 입은 예수님의 초상 … 123
- 억울한 감정을 다스리는 법 … 135
- 낙원의 불청객 … 147
- 가난이 죄가 되지 않는 네팔을 위하여 … 159
- 사랑만이 대안이다 … 171

가을, 무르익은 열매는 창고에 쌓이고

- 크리슈나를 털고 크리스티나로 … 185
- 인드라가 유혹을 견딜 수 있을까요? … 197
- 킴의 변신은 끝나지 않았다 … 209
- 찬드라, 복음 들고 산을 넘는 전도자 … 221
- 진정한 혁명은 어디서 시작되는가 … 233

겨울, 그리고 다시 봄
추울수록 새로운 봄기운

- 비교하면 눈이 탁해집니다 … 247
- 농부가 떠난 들판에도 봄은 오는가 … 259
- 기로에 선 선교병원, 대안을 찾아라 … 271

- 닫는글 | 함께 뛰어주시겠습니까? … 283

- 감사의 글 | 머리 숙여 깊이 감사드립니다 … 288
- 나마스떼 닥터양 그이후 | 베트남 롱안 세계로 병원으로 … 292

네팔에서 지냈던 13년이 자전거 타기와
참으로 닮았다는 생각이 듭니다.
고단한 오르막 뒤에는 신나게 달릴 수 있는
비탈길이 기다리곤 했습니다.

여는 글

네팔 13년, 한나절 신나는 사이클링처럼

모처럼 온 식구가 자전거를 몰고 집을 나섭니다. 아내와 막내는 물론이고 멀리서 공부하다 며칠 전에 돌아온 큰아이도 합류했습니다. 둘째까지 있었더라면 그야말로 '가족 총집합'이었을 텐데, 아쉽게도 녀석은 앞으로 두어 주나 더 있어야 얼굴을 보여줄 모양입니다. 사실 첫째도 곧 뉴질랜드로 돌아가야 합니다. 힘들게 잡은 약국 아르바이트를 놓칠 수 없는 까닭입니다(약학대학 졸업반 학생에게는 더할 나위 없이 좋은 기회입니다). 사방에 흩어져 사는 가족이 다같이 뭉친다는 건 이처럼 만만한 노릇이 아닙니다.

일단 가능한 가족끼리라도 나들이에 나서기로 했습니다. 2박 3일 정도 시간을 내서 둘리켈과 나갈콧으로 사이클링을 다녀올 작정입니다.

코스는 왕복 150킬로미터 남짓. 그만하면 막내한테도 부담스럽지 않을 겁니다. 공식적인 기획 의도는 '장남 무사 귀환 환영회'를 열자는 것이지만, 사실 나머지 식구들에게도 한숨 돌릴 틈이 필요했습니다. 연말부터 봄까지 그야말로 넋이 쏙 빠지도록 바빴거든요. 병원일도 많았거니와 뜻밖의 손님들이 여럿 찾아오고 모임이 꼬리를 무는 바람에 물리적으로든 심리적으로든 편히 쉴 여유가 없었습니다. 주인들이 눈코 뜰 새 없는 판국에 자전거가 무슨 재주로 바깥바람을 쐬겠습니까? 세 대가 나란히 건넌방에 누워 바퀴를 하늘로 쳐든 채 먼지를 뒤집어 쓸 밖에요.

　모두들 상기된 표정이지만 아무래도 막내 인모가 가장 신이 났습니다. 진즉부터 준비를 마치고 좁다란 마당을 빙빙 돌며 출발을 재촉합니다. 형은 아우가, 아내는 그런 장남이 마냥 대견합니다. 이렇게 멋진 행사에 성대한 기념식이 빠질 수 없습니다. 둥글게 둘러서서 함께 기도를 드린 뒤에 힘차게 외칩니다. "파이팅!"

❋ 골목에서 큰 길로, 대로에서 시골길로

마침내 자전거들이 움직이기 시작합니다. 선두는 내가, 후미는 첫째가 맡습니다.

집에서부터 한동안은 골목이 이어집니다. 네팔의 뒷길은 들쭉날쭉 좁아졌다 넓어졌다 불규칙합니다. 그 좁은 길을 사람들과, 자동차와, 오토바이와, 소와 개가 사이좋게 나눠 씁니다. 사고를 당하지 않으려면 앞을 잘 살피는 동시에 흘낏흘낏 옆 골목을 곁눈질해주는 센스가 필요합니다. 힘들겠다고요? 처음엔 그랬습니다. 하지만 이젠 네팔사람이 다 됐거든요. 이쯤이야 장애물 축에도 못 낍니다. 아이들은 오히려 스릴을 즐기는 눈치입니다. 자전거 네 대가 요리조리 길을 누비고 지나갑니다.

20분 정도 지나면 갑자기 앞이 툭 터지면서 큰 길이 나타납니다. 간선도로 중에서도 교통량이 많기로 손꼽히는 대로입니다. 여기부터는 조금 긴장을 하는 게 좋습니다. 네팔의 도로에서는 자동차를 무서워하지 않는 통행인들과 상대방이 양보해줄 것을 추호도 의심치 않는 운전자들의 진검승부가 하루종일 벌어지기 때문입니다. 곳곳에서 사고가 터질 것 같습니까? 뒤죽박죽 어지럽겠다고요? 뭐 꼭 그런 건 아닙니다. 혼란이 장기간에 걸쳐 숙성되면서 새로운 질서가 발효됐습니다. 기사와 통행인들은 서로 눈길을 주고받으면서 양보와 단호한 거부의사를 판별해냅니다. 자동차가 살짝 속도를 떨어뜨리면 그 사이로 폴짝폴짝 몇 걸음씩 길을 건너갑니다. 우리 네 식구도 능숙하게 그 질서에 편입합니다.

흐름을 타자마자 곧바로 다른 문제에 부닥칩니다. 오르막에 접어들면서 매연의 공격이 시작되는 탓입니다. 사실 카트만두의 탁한 공기는 악명이 높습니다. 거리를 걸으면 금방 목이 칼칼해지고 와이셔츠 깃은 순식간에 꼬질꼬질해집니다. 하긴, 수십 년씩 혹사한 노후 엔진에게 질 낮은 연료를 잔뜩 먹였으니 깨끗한 '방귀'를 기대하는 것 자체가 어불성설인지도 모릅니다. 차에 탄 승객들이야 창문을 닫으면 그만이지만 자전거에 올라탄 이들에게는 고행이 따로 없습니다. 넘어지지 않고 언덕을 오르려면 쉬지 않고 페달을 밟아야 하고 그렇게 힘을 쓰자니 입은 더 크게 벌어집니다. 채 10분이 지나기도 전에 최상의 조건에서 매연의 진수를 맛보게 됩니다. 숨이 턱턱 막히지만 그래도 이쯤은 애교로 받아줄 수 있습니다. 세월이 지나면서 목이 적응을 했는지 힘들긴 해도 죽겠다고 엄살을 피울 정도는 아닙니다.

고생스러운 시간이 있으면 신나는 순간도 있는 법. 고갯마루를 넘으면서 자전거의 호시절이 시작됩니다. 일사천리로 달려 내려가는 기분이 그만입니다. 귓가를 스치는 바람소리가 요란합니다. 수레에 귤 몇 개를 올려놓고 무료하게 손님을 기다리는 행상, 사리 자락으로 얼굴을 가리고 초조하게 버스를 기다리는 여인네들, 우연히 만난 친구와 손짓을 해가며 이야기를 나누는 남정네들의 얼굴이 휙휙 지나갑니다. 적당한 피로감과 공복감이 도리어 뿌듯한 느낌을 줍니다. 차르르륵 체인이 기어를 끼고 돌아가는 소리가 마냥 상쾌합니다. 머잖아 시골길에 들어설 테니 매연과도 곧 작별입니다.

논을 끼고 달리는 길은 좁고 비포장이지만 그만큼 한산해서 마음이 한결 느긋해집니다. 너른 들판에는 아지랑이가 피어오릅니다. 나이든 농부 둘이 논두렁에 앉아 땀을 식히고 있습니다. 소 몇 마리가 어슬렁거리며 풀을 뜯습니다. 언덕과 언덕이 겹쳐진 풍경 뒤로 거대한 설산들이 보입니다. 실처럼 이어진 길을 따라가면 개울이 나오고, 다리를 건너면 비탈, 경사지를 지나면 마을이 나타납니다. 너무나 규칙적이어서 마치 도돌이표가 붙은 악보를 읽는 듯한 느낌이 듭니다. 시골 동네를 지날 때마다 아이들은 흔치 않은 외국인들을 구경하고 일행은 꼬마들의 천진한 몸짓을 살피는 진풍경이 반복됩니다.

허름한 가게에 들러 차 한 주전자를 주문합니다. 나이 든 주인장이 마디 굵은 손으로 차를 끓여냅니다. 맛은 조금 떨어지지만 인심만큼은 후해서 잔이 넘치도록 부어줍니다. 초년병 시절에는 그 맛이 그 맛이더니 이제는 입에 착 달라붙는 찻물을 가릴 줄 알게 됐습니다. 한편으로 길을 묻고 다른 한쪽으로 자전거 상태를 점검합니다. 험한 길을 달릴수록 기계 상태에 민감해야 합니다. 인적이 드문 곳에서 고장이라도 나면 큰 탈이니까요. 특별한 문제는 없는데 공기펌프가 없어졌습니다. 자전거 프레임에 매달아뒀는데 어디선가 떨어져버린 모양입니다.

어련하겠습니까? 길이 좀 험했어야 말이지요. 그렇게 사납게 흔들어대는데 뭔들 안 떨어지겠습니까. 큰맘 먹고 사서 개시도 안 한 물건이라

아깝기는 하지만 되짚어 돌아갈 수도 없고, 간다 한들 남아 있을 리도 없어서 깨끗이 잊기로 합니다.

사이클링, 네팔 13년을 압축하는 삽화

시가지 전체가 세계문화유산으로 등재된 옛 도시 박다풀을 지나면 본격적인 난코스, 오르막 40리 길에 접어듭니다. 그리고 그 길 끄트머리가 이번 여행의 목적지 나갈콧입니다. 평지와 650미터의 고도 차이가 나니까 자전거를 타고 수락산이나 대둔산 정상까지 올라간다고 생각하면 대충 비슷합니다.

마음을 단단히 먹고 경사로를 타기 시작하지만 생각만큼 속도를 내지 못합니다. 종일 자전거를 탄 탓에 제법 기운이 빠진데다가 언덕길이기 때문일 겁니다. 가야 할 곳이 빤히 보이는데도 거리가 줄어들지 않습니다. 길은 큰 뱀처럼 산허리를 휘감으며 빙빙 돌아 올라갑니다. 10분 전에 지나온 길이 바로 아래로 내려다보입니다. 왼쪽으로는 거칠고 황량한 언덕길이, 오른쪽으로는 까마득한 산비탈이 펼쳐집니다.

시간이 지날수록 자세가 풀어집니다. 입에서는 거친 숨이 연신 쏟아져 나옵니다. 뒤에서 보면 엉덩이가 씰룩씰룩 좌우로 심하게 움직이는 게 어릿광대의 우스갯짓 같습니다. 장난기가 발동한 진모 녀석이 제 엄마 곁에 바짝 붙어 한 마디 내던지고 냅다 도망칩니다. "엄마, 히프가 너무 큰 거 아녜요?" 뭐라고 대꾸하기도 전에 막내의 지청구가 뒤따라옵니다. "아빠, 힘들어요. 얼마나 더 가야 해요?"

이러니저러니 말이 오가는 것도 잠시뿐, 차츰 말수가 줄어들고 저마다 자기 상념에 빠져듭니다. 몸으로는 묵묵히 페달을 밟는 한편, 머리로는 저마다의 실마리를 붙들고 생각의 끝을 더듬어갑니다. 아내는 다음 주 요리교실에서 가르칠 음식을 고르고 있을지도 모릅니다. 진모의 입가에 뜻 모를 미소가 떠나지 않는 걸 보면, 뉴질랜드에 두고 온 여자친구 생각을 하고 있는 게 틀림없습니다. 요즘 힙합댄스에 푹 빠진 인모는 머릿속으로 고난도의 동작을 흉내내고 있을 겁니다.

나이가 드는 걸까요? 개인적으로는 요즘 들어 지난 세월을 복기해보는 일이 부쩍 잦아졌습니다. 의과대학에 들어가고, 아내를 만나서 가정을 이루고, 병원에서 일하면서 크리스천 의료인들과 교제하고, 선교사로 지원하고, 뉴질랜드에서 훈련을 받고, 오지 병원에 부임했다가 카트만두로 나와 오늘에 이르는 과정을 마음속으로 하나하나 따라갑니다. 네팔에 들어와 적잖은 세월을 보내는 동안 무던히도 많은 언덕과 비탈길을 오르내렸습니다. 문득 선교사로, 외과의사로 이곳에서 지냈던 13년이 자전거 타기와 참으로 닮았다는 생각이 듭니다.

의욕이 앞서서 무작정 달려 나갔다가는 지쳐 떨어지기 십상입니다. 앞만 보고 내달리면 속도는 다소 빠를지언정 주변을 일일이 살피기 어렵습니다. 목표에만 정신을 빼앗기면 목적을 잃어버립니다. 고생하러 자전거를 끌고 나선 게 아닌 것처럼 고행하러 선교지에 나온 것도 아닙니다. 지도를 잘못 읽으면 갔던 길을 한참이나 되돌아와야 합니다. 고단한 오르막 뒤에는 신나게 달릴 수 있는 비탈길이 기다립니다. 위험을 피할 수는 없지만 그때마다 도움의 손길이 나타납니다. 공기 펌프를 잃어버리고, 체인이 끊어지고, 논두렁에 처박히기도 했지만 언제나 돕는 손길이 나타났습니다. 생각지도 못한 곳에 자전거 수리점이 있었고, 지나던 차가 실어다주기도 했습니다.

마찬가지로 뜻밖의 복병을 만나 사역을 접어야하는 게 아닐까 고민할 때면 어김없이 구원의 메시지가 도착하곤 했습니다. 성경말씀이나 상담 전문가의 조언, 동료 선교사, 네팔 교회 크리스천, 아름다운 자연 등 통로는 다양했지만 주제는 언제나 사랑과 평안, 위로였습니다.

🌱 진한 사랑 얘기를 들어보시렵니까?

어느덧 정상이 코앞입니다. 길고 긴 장정이 끝났습니다. 아이 엄마가 일

등, 나머지 식구들이 공동 이등입니다. 선두와의 격차는 20분 남짓. 이만하면 우수한 성적으로 하이킹을 마친 셈입니다.

해발 2,190미터 높이에서 세상을 굽어보는 맛이 이루 말할 수 없을 만큼 달콤합니다. 고된 행군의 대가로 얻은 기쁨이어서 더 그런지도 모릅니다. 멀리 보이는 카트만두는 여전히 탁한 공기에 잠겨 있습니다. 반대쪽으로는 척박한 산비탈을 깎아 세운 계단식 논밭들이 차곡차곡 겹쳐지며 흘러갑니다. 오늘 달려온 구불구불한 길이 한눈에 들어옵니다. 제법 긴 여정을 잘도 달려왔습니다. 스스로 대견하다는 생각이 듭니다.

하지만 내려다보는 기쁨을 어떻게 올려다보는 환희에 비하겠습니까? 고개를 들면 안나푸르나와 에베레스트를 비롯한 히말라야의 연봉들이 한눈에 들어옵니다. 다들 하얀 눈 모자를 뒤집어쓰고 점잖게 늘어 서 있습니다. 동구 밖까지 마중 나온 동네 어른들 같습니다. 해가 뜨고 지는 시간에는 붉은 노을빛까지 겹쳐져서 그야말로 장관을 이룹니다. 압도적인 자연 앞에서 아내도, 진모도, 꼬마 인모도 말이 없습니다. 수많은 얼굴과 사건들이 떠올랐다 가라앉습니다. 어떤 이들, 무슨 일들이었냐고요? 자세히 말해보라고요?

조금만 기다려주시겠어요? 바람결에 맛있는 음식 냄새가 섞여 있는 걸 보니 저녁 준비가 다 된 모양입니다. 잠깐 다녀와서 진한 이야기들을 들려드리겠습니다.

봄, 미지의 땅을 향하여

가난한 이들을 돕고 싶다는 건 어린시절부터 품었던 꿈이었습니다. 공부를 마치고 본격적으로 환자를 돌보기 시작한 뒤에도 늘 같은 생각을 했습니다. 달라진 게 있다면 눈을 제3세계로 돌리게 됐다는 것뿐입니다. 그리고 어차피 제3세계에 나가서 가난한 이들을 돕는 일을 할 바에야 인생에서 가장 빛나는 시기를 투자하는 게 바람직하다고 생각했습니다. 머리나 꼬리가 아니라 가운데 토막을 툭 잘라서 바치자는 겁니다. 경험으로든, 능력으로든, 시간으로든 가장 왕성하게 일할 수 있는 40대를 의료선교의 최전선에서 보내고 싶었습니다. 그러나 누굴 돕고 가진 걸 베푼다는 게 뜻만으로 되는 일은 아니었습니다. 현장에 나가자면 치열한 훈련과 치밀한 준비가 필수적이었습니다. 강의실에서도 배워야 했고 삶에서도 가르침을 얻어야 했습니다. 기쁜 일뿐만 아니라 상처를 통해서도 교훈을 찾아야 했습니다. 본격적인 농사를 준비하는 봄날의 농부와 같은 심정이었습니다. 씨앗을 준비하고 농기구를 손질하는 일은 생각밖에 지루하고 번거로웠습니다. 말없이 등을 토닥여주고 힘내라고 속삭여주지 않았더라면 준비가 부실해지거나 농사를 포기했을지도 모릅니다. 우리들의 봄날은 그렇게 분주하고 불안했으며, 그만큼 감사할 일이 많았습니다.

네팔의 시골길은 모퉁이 하나하나마다 아름다움과 위험이 공존합니다.
어디 산길뿐이겠습니까. 한치 앞을 모르는 인생길도 마찬가지 아니던가요?

봄
다음을 알 수 없으므로 더 흥미로운 길

1

카트만두에서 나갈곳까지는 수없이 많은 길들이 있습니다. 우리야 즐기는 데 목적이 있으니 골목과 논길들을 두루 거쳤지만, 용무가 급한 이들은 큰길로 곧장 내려갑니다. 둘리켈을 거쳐 갈 수도 있지만 바로 박다풀로 진입하는 방법도 있습니다. 모로 가도 서울만 가면 되지 않느냐고요? 자전거 여행처럼 놀이삼아 떠나는 길이라면 그렇겠지요. '어라? 여기가 아니네?' 라고 중얼거리며 되짚어 내려오면 그만이니까요. 그러나 삶의 여정이라면 얘기가 다릅니다. 갈림길에서 어느 쪽으로 핸들을 돌리느냐에 따라 도착 지점이 판이하게 달라집니다. 되돌아간다는 건 불가능합니다. '순간의 선택'이 그야말로 '평생을' 좌우합니다.

간혹 후배들에게서 어떤 뜻을 품고 의사가 되었느냐는 질문을 받습니다. '정상적인' 길에서 벗어나 '비정상적인 의사'로 살아가는 데는 무슨 특별한 동기가 있지 않겠느냐는 의미가 깔린 질문입니다. 하지만 무슨 큰 뜻이 있어서 의사의 길로 들어선 건 아니었습니다. 처음부터 선교사가 되겠다고 작정한 것도 아니고요. 수많은 갈림길을 앞두고 순간순간 내린 판단이 오늘의 모습을 만들었을 따름입니다.

대학 진학을 코앞에 두고 내린 선택이 결정적이었습니다. 그전까지 무수한 방향 전환이 있었습니다. 산에 나무를 심어야 부자 나라를 만들 수 있다는 지리 선생님의 설명을 듣고 농업이나 축산계열 공부를 하기로 했다가, "그러자면 넓은 농토와 적잖은 자본이 필요할 것"이란 소리에 당장 공과대학으로 긴급 수정하는 식이었습니다. 의과대학은 그런 갈지자 행보를 계속한 끝에 내린 최종 결론이었습니다. 그렇게 갈팡질팡 하는 틈에 '원대한 포부' 따위가 끼어들 여지는 아예 없었습니다. 의사가 된 건 필연이 아니라 우연에 가까웠습니다.

물론, 억지로 가져다 붙이자면 필연으로 설명할 근거가 아주 없는 건 아닙니다. 어려서부터 가난한 이웃들에 대한 관심이 남달리 많은 편이었습니다. 집안이 넉넉하지는 않았습니다. 평생 공직 생활을 했던 아버지의 봉급만으로는 생활비 대기에도 빠듯해서 어머니가 따로 장사를 해야 했을 정도였으니까요. 하지만 더 힘겹게 사는 이들을 보면 어떻게든 돕고 싶었습니다. 달동네에 살던 친구한테서 "평지에 사니 좋겠다"는 얘기를 들을 때면 무슨 잘못을 저지르기라도 한 것처럼 미안했습니다. 어른이 되어 힘이 생기면 어떤 식으로든 어려운 처지에 있는 이들을 도우며 살고 싶었습니다.

두 어른이 모두 성실한 크리스천들이었으므로 신앙의 영향도 적지 않았을 겁니다. 어려서부터 교회에서 살다시피 했습니다. 어느 구석에 무슨 물건이 있는지, 마당에 선 나무의 이파리들이 어떻게 생겼는지까지 다 기억할 수 있을 정도였습니다. 중간고사를 코앞에 두고도 주일에는 절대로 책을 펴지 않았습니다. 이러니저러니 따져본 적이 없습니다. 그렇게 배웠으므로 그저 따를 뿐이었습니다. 교회 문턱이 닳도록 들락거렸으니 얻어들은 게 왜 없겠습니까? 이웃을 사랑하고 가난한 이들을 도와야 한다는 의식이 얄팍하나마 마음에 스며들었겠지요.

의사의 길, 우연 또는 필연의 산물

의과대학에 들어간 뒤에도 무슨 큰 뜻 같은 게 생기지는 않았습니다. 학과공부와 기독학생회 활동, 봉사활동이 삶의 전부였습니다. 잠시 다른 길을 넘겨다본 적이 있기는 합니다. 당시의 여느 대학생들과 마찬가지로 한국사회의 구조적인 문제들을 안고 씨름하느라 한동안 몸살을 앓았습니다. 사회과학 서적들을 탐독하면서 하나님의 존재와 신앙생활 자체에 회의를 품기도 했습니다. 그러나 아무리 궁리해봐도, '예수 그리스도의 십자가와 사랑' 말고는 뾰족한 해답을 찾을 수가 없었습니다. 천하에 다시 없을 것만 같았던 공동체들도 50년을 넘기지 못하고 갈라서는 걸 보며, 인간의 한계와 초자연적인 손길의 필요를 절감했습니다. 일 년 여의 방황은 더 확고한 신앙으로 귀착됐습니다.

방향이 잡히면서 동지들도 생겼습니다. 함께 인턴생활을 했던 박상은 선생(지금 한 종합병원의 책임자가 됐습니다)은 참으로 걸출한 친구였습니다. 다들 크고 이름난 병원에 가서 수련의 생활을 하고 싶어 할 때, 굳이 복음병원을 택해 내려온 것만 해도 특별했습니다. 실력 때문일 거라고요? 이른바 명문대 출신이고 공부도 잘 했으니 그건 분명 아닐 겁니다. 스스로 말하는 이유는 간단했습니다. 장기려 선생님이 세운 병원에서 참다운 의사가 되는 길을 공부하고 싶다는 겁니다.

놀라웠습니다. 적어도 크리스천이라면 뜻을 따라 살아야지 욕심을 따라 살면 되겠느냐는 자각이 들었습니다. 저런 친구와 나란히 걸으면서 비전이 열매를 맺도록 갈무리해주는 일만 해도 보람 있겠다 싶었습니다. 그래서 다른 병원으로 가려던 계획을 슬그머니 접고 한 배를 타기로 했습니다. 친구 따라 강남이 아니라 병원 간 꼴이 됐습니다.

복음병원의 인턴 생활은 축복이었습니다. 눈코 뜰 새 없이 바빠도 큐

티를 거르지 않았습니다. 아침마다 꼬박꼬박 성경을 펴놓고 하나님 음성을 들었습니다. 레지던트로 올라가면서는 후배들을 데리고 성경공부를 시작했습니다. 봉사활동의 폭도 넓혀갔습니다. 복음 중창단을 만들어서 병실을 돌아다녔습니다. 의사, 간호사들이 부르는 찬송가는 환자들에게 조금 색다른 느낌과 위로를 주었을 겁니다. 이동도서관 사업도 시작했습니다. 카트에 책을 싣고 일일이 병실을 돌아다니며 나눠주었습니다. 조금이라도 틈이 나면 고신의대와 부산치대에 가서 복음을 전하고 기독학생들을 도왔습니다. 그렇게 시작한 일들은 후배들에게 대물림되며 10년 넘게 지속됐습니다.

열심히 사는 만큼 인정도 받았습니다. 선배와 동료들, 간호사들도 좋게 봐주었습니다. 공부에, 진료에, 봉사에 미친 듯이 분주하게 살았지만 뜻이 맞는 동지가 있어서 행복했습니다. 눈빛만 보아도 무얼 원하는지 알았습니다. 손발이 척척 맞았습니다.

제법 '실체가 잡히는' 꿈을 꾸기 시작한 것도 그 무렵부터였습니다. 멋진 크리스천 의사가 되고 싶었습니다. 철부지 신입생 시절에 비하면 상당한 발전이었습니다. 구체적인 전략도 세웠습니다. 고신대학원에서 학생들을 가르치면서 부속병원에서 환자들을 돌보는 일을 하기로 마음먹었습니다. 어려서부터 고신교단에서 성장했고, 의사가 되었으니 의당 그래야 한다고 생각했습니다. 다행히 고신의대 쪽에서도 호의적이었습니다. 군의관 생활을 하면서, 또 제대를 하고 다시 병원에 나가면서도 한결같이 같은 꿈을 꾸었습니다. 그러는 사이에 사랑하는 여인과 결혼을 하고 가정을 이뤘습니다. 생활은 안정되고 앞길은 환했습니다. 그 길로 죽 걸어가도 괜찮을 것 같았습니다.

네팔, 안락한 생활과 바꾼 보물의 이름

하지만 마음 한구석에서는 '스스로 심지 않은' 다른 꿈이 자라고 있었습니다.

본과 2학년 시절, 우연히 보게 된 슬라이드 한편이 씨앗이 되었습니다. 필리핀의 한 섬에 들어가서 현지인들과 16년을 어울려 산 어느 선교사의 기록이었습니다. 원시적인 생활을 하는 주민들과 똑같이 먹고 자면서 문자를 만들어주고, 그걸로 성경을 번역했습니다. 과정은 고됐지만 열매는 풍성했습니다. 복음을 들은 주민들은 모두 예수를 믿었을 뿐만 아니라 스스로 선교사가 되어 다른 부족에게 기쁜 소식을 전했습니다. 한 가족의 헌신이 수많은 생명을 구한 것입니다.

슬라이드 한 장면 한 장면에서 눈을 뗄 수 없었습니다. '한국에도 믿지 않는 이들이 수두룩한데, 웬 해외선교?'라고 생각하던 고정관념에

'쨍!' 하고 실금이 났습니다.

한번 생긴 균열은 갈수록 커졌습니다. 군의관 시절, 누가회 수련회에서 만난 토머스·신시아 헤일 부부는 결정타를 날렸습니다. 두 사람은 세상에서 가장 가난한 나라, 네팔에서 외과의사로 17년 동안 일했습니다. 의술과 복음을 들고 현장을 누볐던 부부는 하나님의 생생한 임재와 역사를 온몸으로 보여주었습니다. 표정과 몸짓 하나하나마다 헌신과 겸손, 사랑이 뚝뚝 떨어졌습니다. 차림은 허름하고 살림도 넉넉해 보이지 않았지만, '비범한 기운'이 느껴졌습니다. 선교에 대한 낡은 생각이 벼락 맞은 고목처럼 무너져 내렸습니다.

선교 관련 모임에 참석하는 시간이 늘어나고 현장 소식에 민감해졌습니다. 가까운 이들 가운데는 이런 변화를 감지하고 불안하게 바라보는 이들도 있었습니다. 온 가족을 데리고 선교대회에 참석하는 걸 보고 "쟤들 큰일났다"며 걱정했습니다. 세계 곳곳에서 돕는 손길을 요청하고 있었습니다. 방글라데시, 인도네시아, 아프리카 사방에서 의사가 필요하다고 아우성이었습니다. 예전 같으면 그냥 흘려들었을 얘기가 자꾸 귓속을 파고들었습니다. 혹시 나를 부르는 건 아닐까 싶은 생각에 부담스러웠습니다. 즉시 떨치고 나서지 못하는 게 미안하고 힘들었습니다.

헷갈릴 때는 두 눈으로 확인하는 게 상책인 법인데, 마침 현장을 돌아볼 기회가 생겼습니다. 네팔에 단기 의료팀을 보내는 프로젝트에 만사를 제쳐두고 참가했습니다. 도대체 하나님이 내게 무슨 얘기를 하고 계신지, 정말 나를 선교사로 부르시려는 것인지 현장에서 똑똑히 확인해 보고 싶었습니다.

보름 가까이 네팔 각지를 돌아보는 동안, 귀를 곤두세우고 하나님의 메시지를 탐색했습니다. '복음의 최전선'은 상상 이상으로 긴박했습니다. 돌카에 있는 장미회 병원과 파탄병원, 네팔 의료사역을 지원하는 선교단체 등을 두루 돌아보았을 때쯤에는 거지반 결론이 났습니다.

밭에 묻힌 보물을 보았으니, 전 재산을 팔아서 사들이는 일만 남았습니다. 하지만 전 재산을 판다는 게 어디 만만한 일인가요? 탄탄대로를 버리고 험한 길로 들어선다는 게 좀 어려운가요? 포기해야 할 것들과 감수해야 할 희생이 선명하게 눈에 들어왔습니다. 그러나 몇 번을 곱아봐도 하나님의 음성은 분명했습니다.

마지막으로 아내의 생각을 확인했습니다. 적어도 아내는 반대해야 마땅했습니다. 오래 전, 지나가는 말로 선교 얘기를 꺼내자 제 정신이냐고 되묻던 친구가 아닙니까? 하지만 아내의 생각도 똑같았습니다. 내 생각이 달라지는 동안 아내 역시 똑같은 변화 과정을 겪고 있었던 겁니다. 동일한 확신을 주셨음을 확인한 바에야 더 미룰 게 없었습니다. 기왕 갈 길이라면 기쁘게 나서기로 했습니다.

마침내 '원대한'(적어도 우리 부부에게는 그렇습니다) 꿈이 생겼습니다. 가난한 나라에 가서 몸과 영혼을 동시에 돌보는 의사가 되겠다는 포부가 자리를 잡게 된 겁니다. 신분도 달라졌습니다. 사회적 지위와 상대적으로 넉넉한 생활이 보장되는 의사 또는 교수가 아니라 영혼의 전투가 치열한 전선의 가난한 의사가 된 겁니다.

불안하냐고요? 천만에요

네팔의 시골길은 참 아름답습니다. 가로수 늘어선 포장도로는 아니지만 황량한 벌판과 까마득한 벼랑, 눈 모자를 뒤집어쓴 설산이 파노라마처럼 연이어 나타나는 멋진 길입니다. 히말라야 산맥 허리를 끼고 돌아가는 탓에, 굽이굽이 돌아가는 길이 대다습니다. 간선도로에서 조금만 벗어나도 길은 가늘고 험해집니다. 정해진 길이 있는 게 아닙니다. 사람이 많이 다니면 길이 되고, 인적이 적어지면 다시 돌비탈로 돌아갑니다. 모퉁이 하나하나마다 아름다움과 위험이 공존합니다.

 사람이 사는 길도 다르지 않습니다. 한치 앞을 모르기는 인생길도 마찬가지 아니던가요? 평범한, 기껏해야 괜찮은 의사의 길을 꿈꾸던 의대생이 오늘 네팔병원에서 외과과장 노릇을 하게 될 줄 누가 알았겠습니까? 생소한 길이긴 하지만 우리가 처음 가는 길은 아닙니다. 예수님이 가장 먼저 지나가신 뒤로, 토마스와 신시아 헤일 부부를 비롯해서 수많은 선교사들이 좇아간 길입니다. 그들이 발로 다져놓은 길을 우리가 걷고, 우리의 발자국이 또 누군가의 길이 될 겁니다.

네팔에 들어온 지 13년. 저기 다음 모퉁이가 보입니다. 그 너머에 무엇이 기다리고 있을지 여기서는 모릅니다. 언덕이 나올지, 비에 씻겨 끊어진 길이 나타날지 또는 마을이 등장할지, 급류가 앞을 가로막을지 짐작할 수 없습니다. 그래서 불안하냐고요? 천만에요. 다만 궁금합니다. 뭐가 기다릴까요? 어떤 일이 벌어질까요?

네팔, 네팔, 네팔

네팔의 면적은 147,181km²(한반도의 2/3), 수도는 카트만두다. 언어는 네팔어를 사용하며, 종교적인 분포는 힌두교(86%), 불교(8%), 이슬람교(4%), 기독교(0.45%)로 이루어져 있다. 날씨는 우기와 건기로 구분되는 몬순, 아열대 기후. 종족은 아리안족과 몽골족이 주류를 이루며, 네왈, 구룽, 세르파, 따망 등 소수 부족이 존재한다. 평균 수명 52.7세, 교육률은 53.74%다(이상 외교통상부 자료). 네팔의 행정구역은 6단계로 나눠진다. 위부터 아래로 정리하자면, 개발구역, 언쩔(도), 질라(자치구), 일라카(읍), VDC(마을개발위원회), 워드(동) 순이다. 현재 5개의 개발구역, 14개의 언쩔, 75개의 질라가 있다. 생태적으로는 산악지대, 구릉지대, 평야지대로 구분된다. 산악지대는 네팔 북부에 위치하며 해발 3천 미터 이상의 고지대다. 에베레스트를 비롯한 설산이 줄지어 늘어서 있다. 구릉지대는 산악지대 바로 아래쪽으로 국토의 42퍼센트를 차지한다. 해발 6백 미터를 넘으며 여러 마을들이 자리잡고 있다. 평야지대는 네팔 남부를 말한다. 농경지의 56퍼센트가 집중되어 있으며 퇴적층이 발달해서 다양한 곡물이 잘 자란다.

_ 〈Knowing About Nepal(FHI 발행)〉

도공이 조물조물 흙을 빚어
그릇을 빚듯, 그분은 우리를 빚어
이 길을 가게 하셨습니다.
작업은 아직도 진행중, 보이지
않는 손길은 오늘도 움직입니다.

보이지 않는 손길은 언제나 작업중

2

여덟 달 만에 다시 한국 나들이입니다.

파탄병원 복도에 줄지어 서서 기다릴 환자들과 내 몫의 짐까지 나눠져야 할 동료 의사들을 생각하면 마음이 영 편치 않지만, 그래도 이번만큼은 어쩔 수가 없습니다.

지난번 사고로 다친 왼팔의 통증이 인내의 한계를 훌쩍 넘었습니다. 수술을 하다가도 몇 번씩 통증을 호소하는 판국이니 하루바삐 손을 쓰는 게 모두에게 유익하다고 생각했습니다.

한국에 잠깐 돌아왔지만 쉴 틈이 없습니다. 우선 여기저기 다니며 진찰을 받아야 합니다. 도대체 뭐가 문제인지조차 명확하지 않습니다. 의료보험 혜택을 입을 수가 없으니 후배들이 운영하는 병원을 전전할 수밖에 없습니다. 하루가 다르게 발전하는 흐름에 뒤쳐지지 않으려면 시간이 되는 대로 강의들도 들어두어야 합니다.

한편으로는 예전부터 얘기가 오가던 대학을 찾아가서 자매결연 건을 마무리짓기로 합니다. 이야기를 듣고 싶어 하는 모임에서 부르면 당연히 달려가서 현장 분위기를 전해주어야 합니다. 나도 그런 분들 덕에 큰 도움을 얻었으니 다시 나눠주어야지요. 파송 교회와 단체에 들러서 인사도 하고 잡다한 일들도 정리해야 합니다.

하지만 아무리 바빠도 빼놓을 수 없는 일정이 있습니다. 아버지와 어머니, 나이 드신 두 어른을 찾아뵙는 일입니다. 특히 지난번보다 훨씬 건강해보여서 한결 마음이 놓입니다. 지극 정성으로 보살피는 어머니의 손길이 효험이 있나 봅니다.

늘 곁에서 모시는 동기들이야 어떨지 몰라도, 몇 년에 한 번씩 들어오는 아들 눈에는 어른들 기력이 떨어져가는 모습이 한눈에 보입니다. 지난날, 집안을 쥐고 흔들던 카리스마는 차츰 옅어지고 그 자리에 피붙이에 대한 따스함이 조금 더 짙어졌습니다.

자식이 가진 선교사라는 타이틀을 자랑스럽게 생각하고, 네 길을 가라는 격려를 듣습니다.

익숙하고 편안한 것들과의 결별

선교사가 되기로 작정했을 때, 가장 먼저 떠오르는 얼굴은 아무래도 식구, 그 가운데서도 두 어른의 모습이었습니다(우리뿐만 아니라 비슷한 결정을 내리는 이들은 모두 마찬가지일 겁니다). 이미 노인이 된 아버지와 어머니를 가까이서 모실 수 없다는 건 아들로서, 며느리로서 가슴 아픈 일이었습니다.

일단 선교지로 나가면 한 해에 한 번 뵙기도 어려울 터였습니다. 두 어른 역시 늘 살갑게 대하던 아들 내외를 먼 데로 보내는 게 쉽지 않았을 겁니다. 온 형제와 더불어 한데 모여 사는 게 꿈이었던 분이니 실망이 오죽하셨겠습니까?

그러나 '익숙한 얼굴과의 작별'이라는 가장 큰 부담을 제외하고도 여전히 넘어야 할 벽이 많습니다. 개인적으로는 교수가 돼서 학생들을 가르치고 싶다는 꿈을 접어야 했습니다. 군대 생활을 마치고 나서도 고신대학에 들어가서 후배들을 지도하며 장기려 박사님의 뒤를 잇는다는 생각뿐, 다른 길을 염두에 두어본 적이 없습니다. 그러나 선교의 길은 그쪽과는 방향이 너무 달랐습니다. 둘 다 매력적이어서 어느 한쪽을 선택하는 게 고통스러우리만치 힘들었습니다.

마음만 고쳐먹으면 언제라도 돌이킬 수 있었습니다. 선교의 문이 열리는 순간 교수의 길도 활짝 열렸기 때문입니다. 학내 사태로 지지부진하던 교수채용 문제가 해결을 목전에 두고 있었습니다.

얼마나 기다려왔던 기회입니까? "때가 되면 반드시 부르겠다"는 언질만 믿고 분원에 해당하는 김해병원에서 절치부심하며 3년을 보냈습니다. 수많은 환자를 수술하면서도 단 한 건도 본원으로 보내지 않았던 건, 양승봉의 솜씨가 녹슬지 않았다는 걸 과시하는 일종의 시위였습니다. 이제 막 꿈이 이뤄지려는데 전혀 다른 길이 나타난 겁니다.

학교에 들어와 1년만 일하고 가라는 만류는 더할 나위 없이 유혹적이었습니다. 학교에 들어와 1년만 일하면 병원에서 파송하는 것으로 하고 교수 직위를 유지하도록 해주겠다는 배려였습니다.

그러나 그렇게 머뭇거리다보면 영영 주저앉고 싶을 것만 같았습니다. 이미 제3세계에서 일하겠노라고 드렸던 마음을 다시 무를 수는 없었습니다. 정중히 사양하고 돌아오는 길, 낙동강을 따라 차를 모는데 가슴이 아렸습니다. 그러고도 얼마나 아쉬움이 진했던지 선교지에 들어가고 한참이 지난 뒤에도 고신대학병원에서 헤매는 꿈을 꾸었습니다. 교수실을 찾지 못해 안달을 하다 깨어나면 식은땀에 온몸이 젖어 있곤 했습니다.

지금 생각하면 결심을 떠보려는 시험이 아니라 자존심을 세워주시려는 하나님의 배려가 아니었나 싶습니다. 교수채용 문제가 영영 해결되지 않았더라면, 고신의료원에 들어갈 길이 막혀서 선교로 방향을 수정한 게 아닌가 하는 의구심을 스스로 지울 수 없었을지도 모릅니다. 교수 자리가 내정되어 있었고, 병원에서 인정받고 있는데 뭐가 모자라서 험한 데 찾아가서 땡전 한 푼 받지 않고 일하려고 하느냐는 질문을 받는 것과는 분위기가 달랐을 겁니다.

작은 꿈을 접고 더 큰 소망을

편안한 생활과도 작별을 해야 했습니다. 병원에서는 널찍한 아파트를 사택으로 제공해주었습니다. 아직 삼십대, 새파란 나이에 어울리지 않을 만큼 큰 집이었습니다. 승용차는 어른이 쓰던 걸 물려받았습니다. 자가용이 요즘만큼 흔하지 않던 시절이었으니 제법 호사를 한 셈입니다. 월급 때가 되면 두툼한 돈다발을 신문지에 싸서 아내에게 건네주는 재미도 있었습니다(그때는 통장에 온라인으로 곧장 급여가 들어가는 시스템이 아니었습니다).

봉급을 받으면 세 몫으로 떼어 생활비, 헌금, 저금으로 썼습니다. 한 식구가 자유롭고 풍성히 살고, 얼마쯤은 다른 이의 필요를 채우는 데까지 쓸 수 있을 만큼 넉넉했습니다.

경제적으로 넉넉해지고부터는 손님들을 대접하는 데 별 부담을 느끼지 않았습니다. 집안에 화장실이 딸린 가장 좋은 방을 비워놓고 손님을 맞았습니다. 잠깐씩 다녀가는 훌륭한 분들을 보면 아이들도 좋은 영향을 받을 거라고 생각했습니다.

때로는 한두 명, 때로는 수십 명씩 손님이 들었습니다. 선교단체 간사 수련회를 집에서 치를 정도였으니 더 말해 무엇 하겠습니까? 동네 사람들끼리는 "혹시 사이비 교주가 사는 거 아니야?"라고 수군거릴 만큼 집안은 늘 북적댔습니다.

영적으로도 풍성한 삶을 누렸습니다. 특별한 갈등이나 도전 없이 순탄하고 순적한 신앙 생활을 했습니다. 아내는 강사를 모셔다가 동네 아주머니들과 함께 매주 성경공부 모임을 가졌습니다. 아내를 중심으로 큐티 모임이 만들어졌습니다. 매일 새벽 다섯 시 경에 동네 젊은 아주머니들이 집으로 찾아 왔습니다. 말씀을 묵상하고 나누면서 깊은 교제가 이뤄졌고 모임은 날로 탄탄해졌습니다. 선배들에게는 칭찬과 축복을 받았고 후배들에게는 존경과 관심을 모았습니다.

그러나 경제적인 여유도, 영적인 안락함도 선교지에서는 기대하기 어려웠습니다. 아무리 의사 신분이라지만 제3세계 식구들을 도우러 나가는 처지에 큰 집과 자가용을 기대할 수는 없었습니다. 가능한 한 검소하고 소박하게 사는 걸 목표로 삼아야 했습니다. 선교부에서 받는 생활비는 먹고 살기에도 빠듯할 터였습니다.

두툼한 월급봉투를 건네는 '가장으로서의 기쁨'도 작별이었습니다. 마음껏 헌금할 수도, 내키는 대로 누군가를 도울 수도 없게 될 것입니다. 출국을 앞두고 친구들과 만났다가 헤어지는 순간, 마음에 한 줄기 찬 기운이 지나갔습니다. '지금부터 차츰 가난해지겠구나. 친구들이 지위와 경제력을 쌓아가는 동안, 상대적으로 쇠락의 길을 가겠구나' 라는 상념이 바람처럼 스쳤습니다.

영적으로도 치열한 전쟁에 노출될 게 뻔했습니다. 수없이 쏟아지는 영적인 공격을 성공적으로 방어해내지 못하면 처참한 패배에 직면하게 될 겁니다. 지금과는 전혀 다른 각오와 전략이 필요했습니다. 영적인 지원군들과 멀리 떨어져 외딴 곳에 혼자 떨어진다는 게 얼마나 외롭고 고단한 일인지 와락 실감이 났습니다.

그러나 무엇보다도 가슴 아팠던 건 의사로서 뒤쳐질 수밖에 없겠구나 하는 생각이었습니다. 선교지로 나가는 순간부터 의사로서 뒤쳐지기 시작할 것만 같았습니다. 의술은 하루가 다르게 발전하는데 제3세계 구석에 박혀서 그 첨단을 따라간다는 건 불가능한 일이었습니다.

첨단 정보에서도, 최신 자료에서도, 고도의 테크닉에서도 모두 소외될 공산이 컸습니다(최근에 연세대학교에서 연수를 받으면서 또 한번 그런 위기감을 느꼈습니다. 예전과는 달리 이제 위암 같은 질환까지 모두 복강경 수술의 대상이 되었습니다. 의사가 칼을 손에 쥐는 일이 그만큼 줄어든 겁니다). 외과의사로서 대성하겠다는 소망을 품고 살았던 의학도로서는 말할 수 없이 허전한 일이었습니다.

보이지 않은 손길이 없었더라면

그럼에도 불구하고 선교의 길을 택했던 건 무슨 이유에서였을까요? 헌신의 의지가 그만큼 뜨거웠던 걸까요? 마지막까지 결정을 미루었던 점이나 마지막까지 망설였던 점을 생각하면 자신 있게 얘기할 수 있는 일은 아닐 겁니다.

슈바이처처럼 위대한 인물이 되고 싶었던 걸까요? 탁월한 의사가 되고 싶다는 생각은 했지만 그렇게 '대단한' 위인이 되겠다는 욕심은 품어본 적이 없습니다.

돌아보면, 온갖 장벽들을 넘어 선교사의 길을 택할 수 있었던 것은 보이지 않는 손길이 작용했기 때문입니다. 선교 현장의 형편에 대한 관심이 깊어졌던 것도, 여러 가지 안전하고 안락한 여건들을 포기할 수 있었던 것도, 교수의 길을 포기할 수 있었던 것도 그 손길 덕분이었습니다. 그 손길은 우리 가족을 보호하는 손길인 동시에 네팔의 가난한 백성들을 보듬는 하나님의 손길이었습니다. 한없이 사랑하는 그곳 식구들에게 참다운 소식을 전하기 위해 우리를 부르시고 준비시켰던 것입니다.

그 손길은 일방적으로 헌신만을 요구하시지 않았습니다. 다른 한편으로는 인간의 눈으로 볼 때 손실로 보이는 부분들을 몇 배나 되는 더 고귀한 것들로 갚아주셨습니다.

넉넉한 월급봉투 대신 평안한 마음을 선물로 주셨습니다. 번듯한 진료실 대신 의사의 한 마디를 '하늘의 명령'으로 알고 따르는 환자들을 주셨습니다. 최첨단 테크닉에는 뒤처졌지만 칼끝으로 구해내는 생명의 숫자는 훨씬 늘어나게 하셨습니다.

물질적인 것 대신 영적인, 심리적인 보상을 주셨습니다(그렇다고 안달복달하며 근근이 생활을 이어나갈 만큼 가난한 것도 아닙니다). 이만하면 됐다 싶을 만큼 축복이 넘칩니다.

그럼에도 불구하고 식구들과 늘 함께 하지 못하는 것만큼은 아쉽고 또 아쉽습니다. 부모님을 뵐 때마다 그런 생각이 더 깊어집니다. 부모님은 아들 내외가 선교 보고 하는 자리에 참석하는 걸 참 좋아합니다. 여러 번 들은 얘기일 텐데도 끝까지 경청합니다. 강단에서 내려다보면 혹시라도 실수할까 초조해하는 표정이 역력합니다.

지난번에 왔다가 네팔로 돌아가는 날, 가장 늦게까지 손을 흔들어주던 이도 부모님이었습니다. 다시 자식을 돌려보내는 서글픔이 역력했지만, 예전의 서운함 대신 아쉬움만 가득했습니다. 연로한 부모님의 몸이 한없이 작아보였습니다. 다시 한번 보이지 않는 손길에 의지할 수밖에 없습니다.

네팔의 카스트제도

네팔에는 카스트제도의 흔적이 아직도 짙게 남아 있다. 이곳의 카스트 제도는 바르나와 자티로 구분된다. 바르나는 브라만, 크샤트리아, 바이샤, 수드라 등 우리가 익히 알고 있는 카스트제도다. 자티는 바르나 안에서 다시 여럿으로 세분화되는 집단을 말한다. "카스트가 같은 사람들끼리만 결혼할 수 있다"고 말할 때의 카스트는 자티를 가리킨다. 자티는 세습되며 결혼을 비롯한 예식에서 식생활에 이르기까지 생활 전반을 통제한다. '방기' 계급은 대대로 거리의 쓰레기 치우는 일을 담당하며 '도비'는 세탁업에 종사하는 식이다.

_ 〈Knowing About Nepal(FHI 발행)〉

이렇게 먹을거리가 많은 줄 모르고 훈련생 시절에는 내내 시금치 된장국만 끓여먹고 살았습니다. 역시 적응에는 시간이 필요한가 봅니다.

이겨내거나 또는 적응하거나

3

입국하던 날, 공항 출구를 빠져나오는 은 선생의 표정에는 조심스러움이 절반, 안도감이 절반이었습니다. 아직 서툴고 낯선 땅이니 조심스러울 테고, 그토록 오고 싶어 했던 나라에 도착했으니 안도감이 들었겠지요. 자그만 몸집에 수수한 옷차림, 얼굴 생김까지 유난할 것도, 특별한 것도 없습니다. 총기어린 눈동자와 결의에 찬 표정이 아니었으면 여느 여행자나 다름없었을 겁니다.

아참, 소개를 아직 안 드렸군요. 은 선생은 이제 막 일을 시작하는 신참 선교삽니다. 오랫동안 종합병원에서 간호사로 일하다가 그야말로 '뜻한 바'가 있어서 이곳 생활을 지원했습니다. 처음 만난 건 십여 년 전, 어느 모임에서였습니다. 네팔에서 일하며 얻은 경험을 나누고 현지

사정을 설명하는 자리였습니다. 열정만 가득했을 뿐 알맹이는 대단찮은 얘기였을 텐데, 그 실낱같은 메시지가 은 선생 마음에 불을 댕겼던 모양입니다.

그날부터 지금까지 긴 세월이 흘렀습니다. 네팔 쪽 파트너 역할을 하게 될 UMN■이라는 단체에서는 현지인을 숙련된 간호사로 키워낼 수 있는 교수요원이 되어주길 기대했습니다. 그러자면 현장경험만으로는 부족했습니다. 대학원에 들어가서 이론적인 토대를 마련해둘 필요가 있었습니다. 동료들과 원활하게 의사소통하기 위해 영어도 따로 익혔습니다. 길고도 긴 준비 기간이었습니다.

그래도 공부는 아직 끝나지 않았습니다. 의료인이자 선교사로 살아갈 준비는 끝났지만, 이곳에 뿌리박고 살아가는 연습은 지금부터 새로 시작해야 하기 때문입니다. 은 선생처럼 갓 입국한 이들은 5-6개월 정도 적응훈련을 받습니다. 하루에 여섯 시간씩 네팔 말을 배우면서 틈틈이 생활에 필요한 교육을 받습니다. 채소와 과일을 아이오다인으로 처리해서 먹는 법, 먹을 만한 음식과 식 재료를 구분하는 법 같은 것들입니다.

물론 네팔의 현실과 네팔교회의 현황에 대한 강의도 마련됩니다. 하지만 그걸로 충분할까요? 천만에요. 그것 말고도 배워야 할 게 많습니다.

이가 없다고요? 잇몸으로 사세요

며칠 뒤, 은 선생을 청해서 함께 저녁을 먹었습니다. 무슨 특별한 찬이 있어서가 아니라 따듯한 밥 한 공기, 국 한 사발이나마 나누고 싶었습니다. 나물을 무치고, 고기를 굽고, 찌개를 끓였습니다. 냉장고 깊은 곳에 숨어 있던 생선까지 끌어냈더니 상이 가득 찼습니다.

은 선생은 밥 한 그릇을 달게 비워냅니다. 며칠 동안 줄곧 네팔음식만 먹었을 테니 한국음식이 얼마나 그리웠겠습니까? 어떻게 그렇게 잘 아느냐고요? 이미 다 겪어본 일이거든요. 우리들이 훈련받던 시절에는 모든 상황이 좀더 빡빡했습니다.

1995년, 뉴질랜드에서 훈련을 마치고 네팔에 들어왔을 당시, UMN에서는 방 둘에 부엌 하나짜리 집을 제공해주었습니다. 잠은 거기서 자고 식사는 나란히 입국한 스물다섯 명의 같은 기수 멤버들이 한데 모여 해결했습니다. 공동으로 준비해서 나눠먹고 그걸로 아이들 도시락까지 해결하는 방식이었습니다. 그러나 쌀밥에 김치 먹던 입맛이 어디 가겠습니까? 빵과 버터로 삼시 세끼를 해결하기는 아무래도 고역이었습니다. 한동안 버티다가 마침내 책임자의 허락을 얻어 따로 음식을 지어먹기 시작했습니다.

여러 달 동안 집을 비우게 된 분에게서는 가스레인지와 가스통을 빌려왔습니다. 식탁은 짐을 담았던 상자를 뒤집어 만들었습니다. 그렇게 해서 '시금치 쌈장 국'이라는 세상에 보기 드문 요리가 탄생했습니다. 눈에 익은 채소는 시금치뿐이었고, 된장은 채 준비가 되지 않았던 탓에 쌈장이 그 자리를 대신했던 겁니다.

이 멋진 요리는 그로부터 3개월 동안 우리 식탁의 공식 메뉴이자 유일한 반찬이 되었습니다. 이것저것 준비할 틈도 없거니와 무슨 푸성귀가 나고 어느 게 먹을만한지 전혀 알 수가 없었기 때문입니다. 때마침 우기의 한복판이라 과일도 귀했습니다. 장에 나가봐야 아기 주먹만한 사과나 쪼글쪼글 마른 오렌지가 전부였습니다.

아무리 많이 먹어도 돌아서기가 무섭게 배가 고팠습니다. 쌀이 다른 게 가장 큰 이유였습니다. 여기 쌀은 찰기가 없어서 불면 날아갈 정도입니다. 그래서 네팔사람들은 쟁반에 산처럼 밥을 쌓아놓고 먹고 나서 간식으로 감자와 카레를 버무려 튀긴 사모사나 부리 따위를 먹습니다. 모자라는 기름기를 보충하자는 겁니다.

돌이켜 보면 공부가 부족하고 현지 사정에 어두워서 겪은 일들이었습니다. 한국 사람들에게 잘 맞는 음식이나 찬거리들이 사방에 넘쳐나는데 어디 있는지 몰라서 '시금치 쌈장 국'으로 연명했던 겁니다. 국제기구인 UMN에 속해 있다보니, 한국인들과 만날 기회가 적었던 탓이었습니다. 하지만 특별히 힘들다고 생각하지는 않았습니다.

그렇게 궁색한 환경에서도 대사관 직원을 비롯해서 여러 손님들을 초대해서 대접했습니다. 음식이 입에 달았을 리가 없지만 다들 맛있게 먹어주었고 소박하게 사는 게 참 보기 좋았노라고 소문도 내주었습니다.

지금은 어떠냐고요? 지혜와 요령이 생겨서 과일이든 채소든, 다 잘 구해서 먹습니다.

그뿐이 아닙니다. 없는 음식은 만들어서 먹기도 합니다. 네팔의 먹거리를 즐기는 수준에 올랐다고나 할까요? 탄센에서 일할 무렵에는 온갖 음식을 다 만들어 먹는 경지에 이르렀습니다. 콩으로 두부와 연두부, 콩나물에 두유까지 직접 제조했습니다. 녹두로는 숙주를 키웠습니다. 철철이 나오는 과일로 주스(뽕나무 열매, 오디로 만든 주스 마셔보셨나요? 정말 끝내줍니다)와 통조림을 만들었습니다. 식빵, 케이크, 비스킷, 도넛, 팥빵, 호떡, 단팥죽, 호박죽, 약밥, 찰떡, 백설기 따위를 모두 직접 '제조' 했습니다.

이렇게 첫 단계, '잇몸으로 살며 즐기기' 과정을 통과했습니다.

아마 은 선생도 똑같은 과정을, 어쩌면 더 우수한 성적으로 이수하게 될 겁니다.

참을 '인' 자 세 개면 신간이 편해집니다

이런저런 이야기를 나누다보니 벌써 아홉 시가 됐습니다. 이제 돌아가야 합니다. 한국 같으면 대낮이나 다름없는 시간이지만 여기서는 오밤중에 해당합니다. 밖에는 간혹 개 짖는 소리만 요란할 뿐, 사람 오가는 소리는 전혀 들리지 않습니다. 은 선생이 아무리 씩씩하다고 하지만 이 어두운 밤길을 처녀 혼자 가라고 할 수는 없습니다. 아무래도 따라갔다 와야 할 것 같습니다. 손전등을 찾아들고 집을 나섭니다.

은 선생이 훈련 받는 동안 머무는 숙소는 20분쯤 걸어가야 합니다. 자울라켈 로터리까지는 큰 길이지만 그 다음부터는 골목길입니다.

미리 계획을 세워 조성한 도시가 아니므로 골목은 이리저리 수도 없이 꺾입니다. 큰 길에서 대여섯 구비를 돌고 나서야 마침내 대문이 나타났습니다.

3층 건물의 꼭대기가 은 선생의 방입니다. 1층은 다른 세입자가 살고 주인은 2층을 차지했습니다. 방 두 칸에 부엌과 화장실이 딸렸습니다. 문짝 위로는 구멍이 숭숭 뚫려 있습니다. 환기구 구실을 하지만 쥐와 벌레들이 드나드는 고속도로이기도 합니다.

앞으로 날씨가 더 추워질 테니 막는 게 좋겠습니다. 기왕 간 김에 물이 잘 나오는지, 불이 잘 들어오는지, 가스설비(라고 해봐야 가스레인지와 가스통)는 잘 설치됐는지, 현관 자물쇠는 든든한지 점검합니다.

　웬만한 건 다 준비가 됐는데 이곳 생활에 반드시 필요한 필수품이 보이지 않습니다. 전압을 일정하게 유지시켜주는 장치가 없습니다. 네팔은 전기 사정이 형편없어서 전압이 50볼트에서 350볼트까지 널뛰기를 합니다. 초년병 시절, 우리는 그걸 모르고 가전제품들을 콘센트에 바로 연결해서 쓰다가 줄줄이 고장을 냈던 경험이 있습니다. 큰맘 먹고 한국에서 가져온 전축은 몇 번 켜보지도 못했습니다. 습도가 높아서 그런지 카메라도 제대로 돌아가지 않습니다. 친구들이 추렴해서 마련해준 값비싼 노트북 컴퓨터도 작동을 멈췄습니다. 일단 탈이 나면 고친다는 게 만만치 않습니다. 기술자들이 늘어선 것도 아니고 서비스센터가 가까운 것도 아닙니다. 한번 맡기면 언제 고쳐질지, 정말 고쳐지기는 할지 장담할 수 없습니다. 인편에 한국으로 보내는 방법이 있지만, 다시 인편을 얻어 들어오는 데까지 몇 달이 걸립니다.

　하루에도 몇 번씩이나 되풀이되는 정전도 불편하기 짝이 없습니다. 수력발전 비중이 큰 탓에 수량이 줄어드는 건기만 되면 하루에도 몇 시간씩 전기가 나가기 일쑵니다. 발전소에서 만들어진 전기가 집으로 들어오는 과정에서 낭비되는 전력도 상당합니다. 설비가 모두 낡아 누전이 심하기 때문입니다. 백열전구가 호롱불처럼 깜박거리고, 형광등이 밝아졌다 흐려졌다 하는 건 모두 다 그 때문입니다.

불편하겠다고요? 물론이죠. 하지만 어쩔 수 없는 상황이라면 스스로 적응할 필요가 있습니다. 정전만 해도 그렇습니다. 상황에 익숙해진 네팔 친구들은 안달복달하지 않습니다. 촛불을 켜놓거나 아예 포기하고 일찌감치 잠자리에 들면 그뿐입니다. 신참들로서는 그들을 흉내내는 게 가장 지혜로운 처신일 겁니다. 오랜 경험에서 나온 생활태도일 테니까 말입니다. 그래도 용납이 안 된다면, 잠깐이라도 시골에 다녀오는 게 좋겠습니다. 거길 가보면 네팔의 수도, 카트만두가 얼마나 번화하고 멋진 곳인지 알 수 있기 때문입니다.

이겨내거나 또는 적응하거나

그래서일까요? UMN에서는 훈련기간 동안 두 주를 할애해서 시골에 가서 살게 합니다. 전형적인 네팔 생활의 진수를 맛보라는 취지입니다. 오전에는 동행한 언어 교사로부터 네팔어를 배우고 오후에는 이곳저곳 돌아다니며 체험활동을 합니다. 우리가 갔던 곳은 마단포카라라는 마을이었습니다. 저수지를 끼고 있는 전통적인 네팔 농촌이었습니다. 마오이스트▪ 마을이긴 했지만 주로 브라만 계층이 모여 사는 지역이라 분위기가 험하지는 않았습니다. 주인은 순박한 농부로 물소를 키우고 벼농사를 짓습니다. 아침 일찍 나가서 밤늦게나 들어왔습니다. 아주머니는 교복 짓는 일을 한다고 했습니다.

생각만큼 힘들지는 않았습니다. 걱정했던 화장실도 괜찮았습니다. 볼일을 볼 때마다 깡통에 물을 채워가야 했지만, 그건 불편 축에도 못 낍니다. 네팔에는 남이 볼일 본 자리에는 볼일을 보지 않는다는 미신이 있습니다. 재수가 없거나 복이 나간다는 겁니다. 따라서 화장실보다는 바깥을 더 좋아합니다. 사방이 툭 터져 있어도 개의치 않습니다. 사방이 막힌 공간에서 생리적인 문제를 해결한다는 건 그야말로 행운입니다.

뭐니 뭐니 해도 가장 무서운 적은 벌레입니다. 당시에도 숙소에 들어가는 순간부터 수많은 벌레와 맞부딪혔습니다. 있는 대로 스프레이를 뿌려댔지만 거기선 도저히 버텨낼 수 없을 것 같았습니다. 주인과 상의해서 창고를 개조해서 만들었다는 다른 방으로 옮겼습니다. 거기라고 안전할 리가 없겠지만, 일단 눈에 띄지 않는다는 게 위안이 됐습니다. 침대에도 그냥 눕지 못하고 비닐을 깐 뒤에 그 위에 슬리핑백을 폅니다. 뒤척일 때마다 비닐 위로 몸이 미끄러지지만 그쯤은 그냥 무시하기로 합니다.

사실 네팔 생활과 벌레는 떼려야 뗄 수 없는 관계입니다. 농촌가옥은 십중팔구가 흙집이어서 벌레들이 살기에는 아주 이상적입니다. 녀석들은 벽을 헤집고 돌아다니다가 기대어 세워둔 책장과 책, 상자 따위를 파먹습니다. 얼마나 열심히 일을 하던지, 하루에도 몇 차례씩 방바닥에 떨어진 흙, 종이가루, 나무 부스러기를 치워야 할 정도입니다. 그뿐이 아닙니다. 어느 틈엔가 기어와서 주로 발목을 물어뜯고 사라집니다. 한번 물렸다하면 견디기 힘들만큼 가렵습니다. 상처가 날 때까지 박박 긁지 않고는 배길 수가 없습니다. 물집이 잡히고 상처가 남는 건 당연한 노릇입니다. 처음에는 벌레와 치열하게 싸웠습니다. 외출하고 돌아올 때마다 현관에서 옷을 벗어 볕에 말리고 가방을 털었습니다. 연막 소독제를 사다가 몇 번씩이나 터트렸습니다. 곳곳에 약을 놓아두기도 했습니다.

그러나 온 세상의 벌레를 다 잡아 죽이기에는 아무래도 역부족이었습니다. 적응하는 것 말고는 달리 도리가 없었습니다. 매년 여름이 되면 종아리에는 화려한 흉터가 남습니다. 특히 아내는 종아리를 드러내는 치마를 입을 수 없을 만큼 심각합니다. 흉해도 어쩌겠습니까, 영광의 상처려니 해야지요.

네팔을 떠나서 어떻게 살지요?

네팔에서 산다는 건 시계를 몇 십 년 뒤로 되돌리는 걸 의미합니다. 매사 시간이 걸리고 한번 엉킨 매듭은 쉬 풀리지 않습니다. 불합리하고 불편해 보이는 게 한두 가지가 아닙니다. 그러나 불편해 하거나 화를 내봐야 소용없습니다. 포기하고 기다리는 것이 속 편합니다. 더러는 시간이 해결해주기도 하지 않겠습니까?

두번째 사역을 마칠 때쯤에는 우리도 어지간히 적응이 됐습니다. 뉴질랜드에 가서 안식년을 보낼 계획이었는데, 불안감이 몰려왔습니다. 거기 가서 어떻게 살아야 할지 막막했습니다. 어느 새 네팔이 세상에서 가장 살기 좋은 곳이 되어 있었습니다. 우리만이 아닐 겁니다. 누구든 붙들고 물어보십시오. 이곳에 나와 있는 동료들은 한결같이 그렇다고 대답할 게 분명합니다.

은 선생을 걱정하지 않는 이유가 바로 거기에 있습니다.

우리처럼 둔한 사람들도 적응을 해냈는데, 그처럼 똑똑한 친구야 뭘 걱정하겠습니까?

■ **UMN(United Mission to Nepal)** – 1954년, 네팔정부와 협약을 맺고 NGO 형태로 출범한 국제선교단체. 성령님의 이름으로 네팔 백성들의 필요를 보살피고 말과 행동을 통해 그리스도를 전파하여 하나님의 교회를 확장한다는 목표 아래 각국에서 파송된 선교사들이 연합하여 일하고 있다. 의료, 발전, 기술, 보건 등 다양한 분야에서 활동이 두드러진다.

■ **마오이스트** – 마오쩌둥의 사상을 따르는 네팔의 공산 반군. 50년 전부터 정부와 갈등을 빚고 있으며 자체적인 통치 체제를 갖추고 상당한 영역에 걸쳐 영향력을 행사해왔다. 2006년 11월, 정부와 마오이스트 사이에 평화협정이 맺어짐으로써 네팔의 합법적인 정치 세력이 되었다.

분명한 목표를 바라보며 따듯한 마음을 가지고 한 길을 가는 사람. 기무라 선생은 네팔을 떠났지만 그가 보여준 지침은 언제나 올바른 방향을 가르쳐줍니다.

섬김, 성실과 겸손으로

4

　11월이면 네팔에도 가을이 한창입니다. 하늘은 드높이 푸르고 산은 그윽해집니다. 포카라 호수에는 안나푸르나 산군의 그림자가 또렷이 내려앉습니다. 세계 곳곳에서 수많은 손님들이 몰려옵니다. 타멜 거리에는 캐러밴을 준비하는 각국 등반대원들과 트레킹을 떠나려는 관광객들이 버글거립니다. 네팔 사람들에게는 이만한 성수기가 없습니다. 가이드로, 요리사로, 하다못해 짐꾼으로라도 한몫 챙기고 싶어 합니다.

　멀리 설산이 보이기 시작할 무렵이면, 우리에게도 기다려지는 손님이 있습니다. 산타클로스 같은 양반들이라고 할까요? 선물 보따리와 즐거운 소식을 잔뜩 짊어지고 와서 아낌없이 나눠줍니다. 아이들에게는 양갱이니, 사탕이니, 만주니 하는 것들을 선물합니다. 여기서는 돈 주고도 구하기 힘든 주전부리들입니다. 어른들을 위해서도 단감, 배, 칼국수 따위를 준비해옵니다. 선물마다 정성이 깊게 배어 있습니다. 챙겨오는 한국 소식도 반갑습니다. 공전의 히트를 쳤다는 드라마, '겨울 연가' 얘기도 그 양반들에게서 처음 들었습니다. 잠깐을 만나도 예쁘다는 둥, 착하다는 둥 칭찬이 늘어집니다. 그냥 하는 소린 줄 다 알지만, 그래도 기분이 참 좋아집니다.

지금부터 소개하려는 기무라 선생과 수니타 씨 내외는 그런 양반들입니다. 따듯하고, 밝고, 자상하고, 푸근하고, 넉넉한 할아버지, 할머니 같습니다. 하지만 코흘리개 유치원생도 아니고, 설마 사탕 얻어먹는 맛에 누군가를 기다리겠습니까? 두 양반들을 기다리는 이유는 따로 있습니다.

저희 잘못을 용서해주시겠습니까?

1995년 12월쯤이니까 현지 적응훈련을 받느라 정신없던 시절이었습니다. 집에서 쉬고 있는데 밖에서 노크하는 소리가 들렸습니다. 네팔에 들어온 지 고작 4개월, 집을 오갈 만큼 친한 친구는 아직 사귀지 못했습니다. 문을 열고 나가보니, 키가 자그마한 초로의 신사가 헬멧을 벗으며 인사를 했습니다. 파탄병원에서 해부병리 전문의로 일하는 일본인 의사 기무라 선생이었습니다. 몇 번 마주쳐서 얼굴은 알고 있었지만 말을 섞어본 적이 없는 사이였습니다. 선생은 오늘 자기 집에 와서 저녁을 먹으면 어떻겠느냐고 물었습니다. 두말할 것 있나요? 당연히 오케이지요.

기무라 선생 댁은 검소했습니다. 네팔에 나와서 일하는 외국인들은 대개 대궐같이 큰 집에 사는데, 기무라 선생 내외는 선교부가 마련해준 소박한 집을 그대로 쓰고 있었습니다. 문이 열리자 고기 굽는 냄새와 연기가 주인보다 먼저 달려 나왔습니다. 양념에 잰 고기를 숯불에 굽는 듯 했습니다. 손님 올 시간은 다 됐지, 요리 준비는 안 끝났지, 안주인의 얼굴에는 황망하고 미안한 표정이 여실합니다.

그렇다고 밥상이 부실했던 건 아닙니다. 식탁에는 이미 갖가지 요리가 그득했습니다. 심지어 직접 담았다는 깍두기까지 올라와 있었습니다. '시금치 쌈장 국(!)'으로 버티는 처지에 불고기를 비롯한 온갖 요리에 김치까지 곁들였으니 뭘 더 바라겠습니까? 맛은 또 어떻고요? 이건 외국인이 어설프게 만든 한국요리가 아니었습니다. 본고장 사람이 제대로 손맛을 낸 음식들이었습니다. 솜씨가 예사롭지 않다 했더니, 안주인 수니타 씨는 국제적으로 자격을 인정받는 요리사였습니다.

식탁의 분위기는 한없이 따뜻했습니다. 두 양반 모두 얼마나 이야기를 재미있게 하던지 몇 분에 한번씩 웃음이 터졌습니다. 그렇게 얼마나 시간이 지났을까요? 수니타 씨가 남편에게 넌지시 주의를 주었습니다. 이제 허튼소리 그만하고 본론을 얘기하라는 눈치였습니다. 해맑기만 하던 기무라 선생 얼굴에 긴장감이 스쳤습니다. 분위기가 숙연해졌습니다. 순간, 놀라운 일이 벌어졌습니다. 갑자기 선생의 눈에서 굵은 눈물이 후드득 떨어졌습니다. 감정이 격해져서 쉬 말을 꺼내지 못했습니다. 한동안 힘들어하다 꺼내놓은 말은 뜻밖이었습니다. "일본이 한국을 침략해서 저질렀던 못된 짓들을 용서해주십시오. 일본인들이 한국인들을 괴롭혔던 걸 정말 미안하게 생각합니다."

그리곤 얼른 식탁에서 일어나 안방 쪽으로 달려갔습니다. 흐르는 눈물을 주체하지 못하는 모습이었습니다. 나라가 저지른 잘못을 개인적인 죄로 받아들이고 이처럼 진지하게 사죄하는 이는 처음 보았습니다.

뜻밖에 받게 된 정중한 사과에 어떻게 반응해야 할지 혼란스러웠습니다. 용서요? 참 마음으로 뉘우치는데, 당연히 용서해야지요. 과거를 잘 정리하고 앞날을 기약할 필요가 있으며, 거기에 크리스천이 중요한 역할을 해야 한다는 이야기들을 나눴습니다.

기무라 선생 내외는 JOCS(Japan Overseas Christian Service)라는 단체 소속이었습니다. 일본이 제2차 세계대전 전후로 만행을 저질렀던 동남아 국가들에게 사죄하기를 원하는 크리스천들의 모임이었습니다. 의료인들을 비롯해서 다양한 일을 하는 회원들이 동남아 각국에 나가

활동하고 있다고 했습니다. 두 양반은 언젠가 기회가 생기면 한국인들에게 직접 사과의 뜻을 전해야겠다는 마음을 가지고 있었습니다. 그래서 같은 선교부에 한국인 의사가 들어왔다는 소식을 듣자마자 저녁 초대를 했던 겁니다. 일단 사죄를 하고 용서를 받은 뒤에 가벼운 마음으로 관계를 열고 싶다는 뜻이었습니다.

그날의 식사 이후로, 우린 아주 가까워졌습니다. 환자를 치료하는 문제를 두고 외과 의사와 병리과 의사로서 자주 의견을 나누었습니다. 카트만두에 올라갈 일이 있으면 잠깐이라도 얼굴을 보고 돌아왔습니다. 두 양반이 멀리 탄센까지 찾아오기도 했습니다.

삶을 던져 지킨 30년 전의 약속

기무라 선생은 뛰어난 의사이자 학자였습니다. 병리의사로서는 일본을 넘어 세계적으로 인정 받는 위치에 있었습니다. 일찌감치 뛰어난 연구 업적을 쌓아서 미국의 병리학 교과서에 이름을 올릴 정도였습니다. 대학 쪽에서도 종신교수와 비슷한 직위를 제안 받고 있었습니다.

그렇게 대단한 양반이 왜 네팔처럼 가난한 나라에서 불편한 생활과 열악한 조건들을 감내하며 살고 있느냐고요? 십대 때 마음에 담았던 약속 때문이었습니다.

고등학생 시절, 우연히 네팔에서 일하는 선교단체의 활동보고 모임에 참여했다가 한센환자의 사진을 보았습니다. 병을 앓으면서도 제대로 치료받지 못한 채 방치된 이들의 모습은 충격적이었습니다. 그 자리에서 소년은 의사가 되어야 겠다고 결심했습니다. 저 끔찍한 고통에서 단 한 명이라도 건져주고 싶었습니다. 의과대학에 들어가는 일이 일본인들 쉽겠습니까? 하지만 걱정하지 않았습니다. 뜻이 바르면 하나님이 외면하지 않으실 거라는 확신이 있었습니다. 면접시험을 치르는 자리에서도 천사들이 함께한다는 느낌이 들었습니다. 그러기에 합격할 자신이 있느냐는 면접관의 질문에 당당히 "예!"라고 대답할 수 있었습니다.

목표가 분명했으므로, 의과대학에 진학한 뒤에도 누구보다 열심히 공부했습니다. 그러나 진로는 생각대로 풀려나가지 않았습니다. 현장에서 상처를 직접 만지는 의사가 되고 싶었지만 덜컥 큰 병에 걸리고 말았습니다. 고생 끝에 건강을 회복했지만 외과의가 될 만한 체력까지는 아니었습니다. 그래서 선택한 길이 해부병리학이었습니다.

방향은 바뀌었지만 열정은 그대로였습니다. 열심히 파고드는 만큼 성과가 따라왔습니다. 학계에 비상한 관심을 불러일으키는 논문이 그의 손끝에서 여러 편 나왔습니다. 연구로, 진료로, 강의로 눈코 뜰 새 없는 날이 계속됐습니다. 대학, 병원, 연구실, 학회 어디를 가든 갈채를 받았습니다. 반면에 어린 시절의 약속은 분주한 일정과 환호 속에 묻혀버렸습니다. 그렇게 30년 세월이 흘렀습니다.

잊혀진 약속을 되살려 낸 건 네팔에서 날아온 한 통의 뉴스레터였습니다. 해부병리 분야의 전문가가 절실했던 UMN은 뉴스레터에 간곡한 호소를 담아 여러 차례 전 세계로 보냈습니다. JOCS에도 그 편지가 꼬박꼬박 들어왔지만 기무라 선생의 손까지는 전달되지 않았습니다. 담당자가 대충 훑어보곤 휴지통에 넣어버렸기 때문입니다. 크리스천의 숫자가 많지 않은 일본에서 누가 가랴 싶었던 겁니다. 전국을 통틀어 크리스천 해부병리 전문의라곤 단 둘뿐이었으니 그럴만했습니다. 그런데 담당자가 바뀌면서 편지들이 회원들에게 전달되기 시작했습니다.

소식지는 수니타 씨 손에 먼저 들어갔습니다. 퇴근하는 남편에게 편지를 넘겨주며 아내는 말했습니다. "이제 하나님께 한 약속을 지켜야 할 때가 되지 않았을까요?" 기무라 선생의 귀에는 그게 하나님의 부르심으로 들렸습니다. 잊고 있던 옛 약속이 새롭게 되살아났습니다.

어느 대학으로부터 종신교수 청빙을 받아놓은 상태였지만 망설이지 않았습니다. 동료들이 붙잡고 병원 당국이 말려도 굳은 결심을 돌려놓지 못했습니다.

남편은 병리실로, 아내는 병동으로

기무라 선생은 가진 돈을 톡톡 털어서 병리학 연구실에 필요한 의료기구들을 사들였습니다. 집 한 칸 소유하지 못한 처지이면서도 장비를 구입하는 데는 돈을 아끼지 않았습니다. 네팔의 상황은 워낙 열악해서 챙겨야 할 게 한둘이 아니었습니다. 교수와 학생이 나란히 앉아 같은 샘플을 관찰할 수 있게 만든 교육용 현미경에서 컴퓨터와 카메라에 이르기까지 값비싼 장비들을 줄줄이 구매했습니다. 그 설비들을 토대로 파탄 병원에 병리실을 꾸렸습니다. 얼마 지나지 않아 기무라 선생의 병리실은 네팔에서 가장 많은 표본을 검사하고 진단을 내리는 기관이 되었습니다. 방방곡곡에 흩어져 있는 90개 병원에서 매년 보내오는 8천 건 이상의 표본들이 선생의 손을 거쳐 갔습니다.

차츰 연구 실적도 쌓여갔습니다. 병리실을 열 때부터 모든 자료를 전산처리해둔 덕에 수많은 논문들을 쏟아낼 수 있었습니다. 폭주하는 정보를 소화하느라 한때는 열여섯 편이나 되는 논문을 동시에 진행할 정도였습니다. 네팔의 질병들에 대한 새로운 논문들은 큰 반향을 불러일으켰습니다. 미국병리학회지에서도 선생의 논문을 게재했습니다. 네팔에서 나온 병리학 관련 논문이 실리긴 처음이었습니다.

병리실이 자리를 잡아가면서 전자현미경의 필요가 절실해졌습니다.

하지만 그게 어디 한두 푼 하는 물건이어야지요. 선생은 장기계획을 세웠습니다. 1년에 3천만 원씩 자금을 모아서 10년 뒤에 3억 원짜리 현미경을 구입하기로 한 겁니다. 첫해는 성공적이었습니다. 친구들이 모아 준 후원금에 사재를 턴 돈을 합쳤더니 얼추 목표액이 채워졌습니다. 둘째 해는 어떻게 됐느냐고요? 한 푼도 모금할 필요가 없었습니다. 일본의 한 대학(선생에게 종신교수 직을 제안했던 학교입니다)에서 신품을 구입하면서 그동안 쓰던 전자현미경을 기증하기로 했던 겁니다. 기계를 해체해서 네팔로 옮겨오는 비용과 적정 온도를 유지하는 데 필요한 냉방기와 보조기기를 구입하는 데 딱 3천만 원이 들었습니다. 하나님과 인간의 셈법은 이토록 달랐습니다.

수많은 대학원생들이 선생의 지도 아래 공부하겠다며 찾아왔습니다. 왕립의과대학에서도 정기적인 강의를 요청했습니다. 이제 업무의 양이 혼자 처리해야 할 수준을 넘었습니다. 휴가 갈 짬을 내기가 어려울 지경이었습니다. 전문 인력의 필요가 절박했습니다. 선생은 네팔의 젊은 병리의사 둘을 일본으로 보내 훈련시키기로 했습니다. JOCS와 여러 교회가 힘을 모아 학비를 지원했습니다. 선생도 월급을 털어 후원금을 보냈습니다. 병리학은 네팔 의대생들에게 인기 있는 분야가 아닙니다. 그만큼 지원자도 적고 전문가는 더 적습니다. 유학을 마치고 돌아오면 이들 두 젊은 의사는 네팔 병리학의 미래를 좌우하게 될 것입니다.

남편이 병리실에 틀어박혀 있는 동안, 수니타 씨는 장난감을 챙겨들고 소아과 병동을 돌았습니다. 인형, 비행기, 배터리로 움직이는 자동차 등 난생 처음 보는 희한한 장난감에 어린 환자들은 반색을 했습니다. 하지만 환자들에게 장난감을 나눠주고 거두는 일은 생각만큼 쉬운 일이 아닙니다. 한번 나갔다 돌아올 때마다 반드시 소독을 해야 합니다. 인형은 일일이 옷을 벗겨서 빨고 말리고 다려야 합니다. 전동 장난감은 툭하면 고장이 나서 기무라 선생의 손을 탔습니다. 일주일에 한번이라도 누군가 도와주면 좋겠건만, 그마저 구하기가 어렵습니다. 수니타 씨는 그 번거로운 노동을 여러 해 동안 단 한 마디 불평도 없이 감당해냈습니다.

그저 사는 데 무슨 돈이 들겠습니까?

기무라 선생과 수니타 씨는 누구에게나 존경을 받았습니다. 네팔 사람들은 물론이고 서양인들도 겸손하고 성실한 두 양반을 마음속 깊이 좋아했습니다. 영어가 서툴러서 주로 네팔말로 의사소통을 했지만, 속을 주고받는 일에 말이 문제가 될 수는 없었습니다. 누구나 사랑할 줄 알고 누구한테나 존경받았으니, 두 양반이야말로 세상에서 가장 행복한 부부일 겁니다.

기무라 선생은 네팔에서 7년을 일하고 떠났습니다. 지금은 교토의 한 병원에서 병리과장을 맡고 있습니다. 병상이 오백 개가 넘는다니 대단히 큰 규모인가 봅니다. 연봉도 일본 병리의사 가운데 단연 최고라는군요. 입장이 달라졌으니 사는 방식도 달라질 법한데, 이들 부부는 예나 지금이나 한결같습니다. 남편은 여전히 월급을 덜어 유학중인 네팔 의사들의 공부와 생활을 돕습니다. 아내는 비스킷이나 쿠키를 구워 팔아 네팔 교회에 보냅니다. 일년에 한 번씩은 그동안 모금한 후원금과 선물 보따리를 사들고 네팔을 찾습니다.

지난번에 만났을 때, 노후대책은 세워놓았느냐고 물었습니다. 한국에 나갔더니 너도나도 그런 얘길 하기에 은근히 걱정을 하고 있던 참이었습니다. 기무라 선생의 입에서는 연금이니 통장이니 하는 소리는 한 마디도 나오지 않았습니다. 그저 몇 마디 했을 뿐인데, 그게 아직도 마음에 남아 있습니다.

"양 선생, 무슨 돈이 그렇게 필요하겠습니까? 그저 살아가는 데는 그다지 많은 비용이 들지 않습니다."

자동차 뒷문에 "I Love Nepal" 구호가 선명합니다.
네팔 생활 13년 동안, 입술 위의 구호가 아니라 삶으로 그 사랑을 실천하는 이들을 무수히 만났습니다.

로버트와 루스, 황금기 초입에서 만난 친구

5

객지에서 나그네로 산다는 건 끊임없이 보따리를 싸야 한다는 뜻이기도 합니다. 이곳에 들어온 뒤로 짐을 꾸렸다 푼 게 벌써 몇 번인지 모르겠습니다. 도움을 요청하는 곳이 있으면 언제든지 움직여야 합니다. 임지가 바뀌기도 하고 안식년을 맞아 떠나야 하는 일도 생깁니다. 카트만두에서 지방으로 내려가기도 하고 시골에 살다가 도시로 나오는 경우도 있습니다.

  어느 쪽이든 판이하게 달라지는 환경에 맞춰 삶의 속도와 생활방식을 조절하는 건 만만한 노릇이 아닙니다. 그러기에 어디론가 움직여야 할 때마다 늘 기대가 절반, 막막한 느낌이 절반입니다. 훈련을 마치고 첫 임지를 향해 떠날 무렵에도 비슷한 기분이었습니다.

준비 완료, 이제 목표를 향하여

준비는 모두 끝났습니다. 더듬더듬 네팔말로 의사소통이 가능해졌습니다. 먹고 사는 공부도 얼추 마쳤습니다. 불편한 환경에도 웬만큼 익숙해졌습니다. 일할 곳은 진즉에 결정되었습니다. 카트만두에서 버스로 열한 시간쯤 떨어진 시골 병원입니다. 배치를 받고는 한동안 고개를 갸우뚱 했습니다. 외과의사가 필요한 병원은 카트만두와 오지에 속하는 탄센, 두 군데였습니다. 같은 기수로 들어온 외과의사가 둘뿐이어서 경력으로든 나이로든 우리가 수도에 남겠거니 했는데, 엉뚱하게 캐나다에서 온 젊은 친구가 낙점을 받은 겁니다.

속상했느냐고요? 개운치는 않았습니다. 그렇다고 주저앉을 수야 있나요. 생각해보면 처음 겪는 일도 아닌걸요. 군의관 임지가 결정될 때도, 병원 발령을 받을 때도 석연찮은 이유로 의당 갈 줄 알았던 자리에 들어가지 못했습니다. 물론 처음엔 아프고 괴로웠습니다. 하지만 곧 한 가지 깨달음을 얻게 됐습니다. 당장 괜찮아 보이는 위치가 꼭 좋은 자리는 아니었습니다. 어디든 땀 흘려 일하다보면 반드시 달콤한 열매를 거두는 날이 온다는 걸 경험으로 알게 된 겁니다.

한겨울에 다녀온 답사여행도 마음을 정리하는 데 큰 힘이 되었습니다. 카트만두를 출발할 때까지만 해도 '기대' 대신 '각오'만 가득했습니다. 시외버스를 타고 열한 시간을 달려야 하는 장거리 여행부터가 고행에 가까웠습니다. 버스에는 손님이 꽉꽉 들어찼습니다. 후텁지근한 공기에, 뽀얀 먼지에, 울퉁불퉁한 도로에 누구라도 속이 메슥거릴 수밖에 없습니다. 이런 여행에 익숙한 현지인들조차도 얼마 가지 않아서 멀미를 시작했습니다. 버스가 산굽이를 홱 돌아갈 때마다 누군가가 창밖으로 몸을 내밀고 오물을 쏟아냅니다.

탄센에 도착했을 즈음에는 온 식구가 거의 탈진상태가 됐지만, 죽을 고생을 하고서라도 가보길 잘 했습니다. 말로만 듣던 곳을 직접 보고나니 훨씬 안심이 됐습니다. 생활조건은 카트만두보다 훨씬 못할지라도 의사로서 또는 선교사로서 일하기엔 모자람이 없었습니다. 이미 50년이 넘는 역사를 가지고 있어서 병원은 이미 틀이 잡혀 있었습니다. 함께 일할 동료들은 또 얼마나 따뜻하게 맞아주었는지 모릅니다. 병원장은 "닥터 양 가족이 여기 오게 된 건 오랜 기도의 응답"이라며 손을 내밀었습니다. 황송해서 몸 둘 바를 모를 정도였습니다.

그중에서도 로버트와 루스의 보살핌은 유별난 데가 있었습니다. 병원 곳곳을 안내하고 저녁식사 자리에 초대해주었습니다. 구역 예배를 드리는 날은 일부러 불러서 네팔 크리스천들과 자연스럽게 만날 기회를 열어주었습니다. 손길 하나, 말 한 마디에도 따뜻한 배려가 담겨 있었습니다. 아이들끼리도 친해졌습니다. 두 집 자녀들이 모두 비슷한 또래여서 친구가 될 만했습니다. 그것만으로도 한결 마음이 놓였습니다. 이렇게 좋은 동료와 함께 일하게 된다는 게 정말 행복했습니다. 부부가 하는 걸 보고 그대로 따라하면 문제없이 지낼 수 있을 것 같았습니다.

어느 새, 답사기간 일주일이 후딱 지나가버렸습니다. 다시 보따리를 꾸려야 할 순간이 온 겁니다. 그 먼 길을 다시 돌아갈 생각을 하니 가슴이 답답했습니다. 당장 내일 아침 차를 타는 것부터 문제입니다. 병원에서 터미널까지는 걸어서 한 시간은 족히 걸릴 거리였습니다. 일곱 시 차를 타자면, 늦어도 여섯 시까지는 버스 정류장에 나가야 했습니다. 곧바로 장거리 여행을 떠날 계획이어서 짐이 산더미 같았습니다. 한겨울 추운 날씨에, 새벽 같이 일어나서 꼬맹이 둘을 데리고, 무거운 가방을 끌며, 정류장까지 낯선 비포장도로를 걸어간다는 건 상상만 해도 한숨이 나왔습니다.

이번에도 역시 로버트가 해결사를 자청하고 나섰습니다.

다음 날 새벽 다섯 시, 출발준비를 서두르고 있는데 누군가 방문을 똑똑 두드렸습니다. 그였습니다. 사전에 아무런 약속이나 언질이 없었지만, 아직 네팔 상황에 익숙하지 않은 우리 처지를 헤아리고 해도 뜨지 않은 길을 한 시간씩 걸어서 찾아와준 겁니다. 한없이 미안했지만 한편으로 말할 수 없이 든든했습니다. 로버트는 가방 하나를 빼앗아 들고는 손전등으로 앞길을 밝히며 캐러밴을 이끌었습니다. 터미널에서도 짐 싣는 일부터 자리 잡고 앉는 데까지 일일이 보살펴 주었습니다. 일부러 차장을 찾아서 우리 일행을 잘 보살펴달라고 부탁하고 나서야 발길을 돌렸습니다.

    날씨는 혹독하게 추웠지만 마음은 따뜻했습니다.

네팔 사람들 속으로 깊이, 더 깊이

로버트는 홍콩에서 태어나서 세 살 때 부모와 함께 이민 간 캐나다인입니다. 대학을 마치고 치과병원을 개업해서 제법 성공한 의사가 되었지만 가정생활은 원만하지 못했습니다. 결국 딸 하나를 남긴 채 헤어지고 말았습니다. 그 뒤로 한동안 혼자 지내다가 지금의 아내, 루스를 만났습니다. 역시 이혼 경험이 있는 스튜어디스였습니다. 둘은 닮은 데가 많았습니다. 성품도 그렇지만 가정이 망가지는 아픔을 겪으면서 하나님을 만나게 된 이력도 비슷했습니다. 넉넉한 생활보다 의미 있는 삶을 더 소중하게 여기는 마음도 똑같았습니다. 둘은 직업인으로서 누릴 수 있는 풍요로운 삶을 뒤로 하고 네팔 행을 결심했습니다. 자신들을 정말 필요로 하는 곳에서 일하기로 작정한 겁니다. 1993년, 두 사람은 새로 태어난 딸 수니타와 아들 롭슨을 데리고 네팔 땅을 밟았습니다.

우리가 정식으로 부임한 뒤에도 이들 부부의 따뜻한 태도는 달라지지 않았습니다. 두 사람을 보고 있노라면 헌신적인 태도에 저절로 고개가 숙여졌습니다. 치과과장을 맡고 있는 로버트는 쉴 새 없이 찾아오는 환자들을 정성껏 치료하는 한편, 네팔 직원들에게 치과기술을 전수하는 데도 힘을 쏟았습니다. 조금만 싹수가 보이면 얼른 데려다가 공부를 시키고 일정 수준에 이르렀다 싶으면 지체 없이 독립시켰습니다. 친구들이 보내준 후원금으로 값비싼 진료도구를 장만해서 들려주며 소외된 지역의 가난한 환자들을 돌보도록 격려했습니다. 틈틈이 시골학교를 돌며 치아관리가 얼마나 중요한지 가르쳤습니다.

로버트는 영혼을 치료하는 치과의사였습니다. 치아뿐만 아니라 마음을 돌보는 데 신경을 썼습니다. 아침마다 부서 직원들과 둘러 앉아 성경을 읽고 저마다 받은 감동을 나누었습니다. 휴가 때가 되면 전도 팀을 꾸려서 산골 오지를 돌았습니다. 이가 아파도 병원에 갈 엄두를 내지 못하는 이들을 공짜로 치료해주고 다른 한쪽으로는 복음을 전했습니다. 일주일에 한 번씩은 네팔 크리스천들이 모이는 교회 예배에 참석해서 메시지를 전했습니다.

루스의 관심은 온통 가난한 이들에게 쏠려 있습니다. 온 마을에 흩어져 사는 크리스천, 특히 생활에 쪼들리는 이들을 일일이 찾아다니며 위로하느라 하루해가 짧았습니다. 안타까운 얘기를 들으면 어떻게든 도와

주고 싶어서 안달을 했습니다. 아이들을 무척 좋아해서 교회에서도 교사로 봉사했습니다. 거리가 멀어서 교회에 갈 수 없는 아이들을 위해서 외진 곳 두 군데에 주일학교를 열기까지 했습니다. 교회 식구들과 함께 북을 치며 시장거리에서부터 아이들을 끌어 모아다가 율동과 찬양을 가르치고 말씀을 가르쳤습니다.

언제 봐도 소박한 차림입니다. 늘 사리를 입고 맨발에 샌들을 신습니다. 가꿔도 빛나지 않는 외모를 가졌나보다고요? 루스가 항공사 여승무원으로 일했었다는 얘기를 안 했었던가요? 로버트 쪽은 어떠냐고요? 큰딸이 미스 유니버스 선발대회에 캐나다 대표로 출전해서 3위에 입상했다는 정도만 귀띔해드리지요. 마음만 먹으면 얼마든지 화려하게 꾸미고 멋을 낼 수 있지만 둘은 소박하다 못해 초라하기까지 한 차림으로 살고 있는 겁니다. 네팔 사람들 속으로 깊이, 더 깊이 들어가려는 뜻을 가졌기 때문입니다.

집안에 값나가는 물건이라곤 눈 씻고 찾아봐도 없습니다. 거실에는 돗자리 한 장에 대나무 방석이 전부입니다. 끼니때가 되면 알루미늄 쟁반에 쌀밥을 수북이 쌓아놓고 다같이 둘러앉아서 떠먹습니다. 손님을 청해도 이런 풍경은 전혀 달라지지 않습니다. 서양 사람들이 좋아하는 테이블보니, 멋진 접시니, 번쩍거리는 그릇이니 하는 건 구경도 못 합니다. 그래서일까요? 로버트의 집에는 네팔 손님들이 끊이지 않습니다.

다른 집에는 들어가기조차 조심스러워하던 이들도 거기선 편안함을 느낍니다. 루스가 시장에 나가면 온 동네 아줌마들이 반갑게 인사를 합니다. 어쩌면 그렇게 알고 지내는 이들이 많은지, 국회의원 출마해도 되겠습니다.

안식년을 맞은 로버트는 영국으로 가서 치과 공중보건학을 공부하고 돌아왔습니다. 한 사람 한 사람을 치료하는 것도 중요하지만 전 국민을 대상으로 예방사업을 벌이는 게 더 효율적이겠다고 생각한 모양입니다. 카트만두로 근거를 옮긴 로버트는 네팔정부와 연합으로 하는 대형 프로젝트(Oral Health Program)의 책임자가 되었습니다. 시골을 떠나 도시로 나갔지만, 검박하게 살며 네팔의 가난한 이들 가운데로 깊이 들어가려는 뜻만큼은 한결같았습니다. 여전히 맨발에 샌들을 신고 자전거나 오토바이를 타고 다녔습니다. 가능한 한 삶의 수준을 낮게 잡아서 네팔 사람들과 같이 호흡하려고 애쓰는 모습이 역력했습니다.

🌱 참다운 우정은 거리에 묶이지 않습니다

어차피 제3세계에 나가서 가난한 이들을 돕는 일을 할 바에야 인생의 가장 빛나는 시기를 쏟아 붓고 싶었습니다. 아내의 생각도 똑같았습니다. 생선으로 치자면 머리나 꼬리가 아니라 가운데 토막을 툭 잘라서 바치자는 데는 이견이 없었습니다. 우리는 40대를 내놓기로 했습니다. 경험으로든, 능력으로든, 시간으로든 가장 왕성하게 일할 수 있는 시기가 그때라고 생각했습니다.

로버트와 루스는 그 황금기의 초입에서 만난 소중한 안내인들이었습니다. 오래 사귀지는 않았지만 누구보다 가깝고 믿을 만했습니다. 두 사람은 의사 또는 선교사로서 어떻게 살아야 한다고 설교한 적이 없습니다. 이러저러한 일들을 해보라고 권하지도 않았습니다. 섬기는 일의 의미와 보람에 대해 강의한 적도 없습니다. 그냥 삶으로, 몸으로 보여주었을 따름입니다. 둘을 보고 있으면 마치 교과서를 펴든 것 같아서 몸짓, 손짓 하나가 모두 공부거리였습니다. 지금껏 네팔에서 일하면서 이나마 한결같은 마음가짐을 유지할 수 있었던 것은 초기에 그처럼 좋은 가이드들을 만났던 덕분입니다.

이제 로버트와 루스는 네팔에 없습니다. 영국으로 돌아가서 치과의사들을 훈련시켜 내보내고 지원하는 단체를 운영하고 있습니다. 그래도 늘 함께 지내는 듯한 느낌이 듭니다. 두 사람이 보여준 사랑이 워낙 따듯해서 우리 마음에 아직도 선명하게 남아 있기 때문입니다. 깊은 우정은 거리에 묶이지 않나 봅니다.

여름,
그 황금기의 기억

탄센에서 보낸 4년은 일종의 허니문이었습니다. 모든 게 새롭고 신기했습니다. 물론 생활은 불편하고 일은 고됐습니다. 환자는 몰려들고 일손은 모자랐습니다. 밥 먹을 틈도 없이 하루 종일 수술을 해야 하는 날들도 있었습니다. 하지만 누구의 눈치도 보지 않고 소신껏 진료할 수 있었습니다. 제약회사 영업사원을 상대할 필요도 없고 방어적으로 진료할 이유도 없었습니다. 아무리 가난한 환자가 와도 갈등하지 않았습니다. 병원 자체가 그들을 위한 시설이었기 때문입니다. 아내는 아내대로 환자들에게 장난감과 소책자를 나눠주며 접촉을 늘여가고 십자수 모임을 통해 네팔 여성들을 도왔습니다. 아이들도 또래들과 어울려 잘 놀고 잘 자랐습니다. 동료들은 따듯했습니다. 출신과 나이와 경력은 모두 달랐지만 어려운 이들을 돕고 보살피려는 마음은 한결같았습니다. 한 사람 한 사람이 친구이자 스승이었습니다. 혹시 천사들이 날개를 감추고 인간인 척 하는 게 아닌가 싶을 정도였습니다. 모든 게 만족스러웠습니다. 지난 봄, 공들여 씨를 뿌리고 과연 싹이 틀까 노심초사했던 보람이 있었습니다.

비로소 있어야 할 곳에 있다는 안도감이 들었습니다. 삶의 진로가 하나님의 나침반이 가르치는 방향과 엇비슷하게나마 맞아 들어가기 시작했습니다. 바야흐로 우리들의 황금기가 활짝 열리고 있었습니다.

병원에는 전용 진료실이 없습니다.
책상 하나, 의자 하나가 전부입니다. 하지만 환자가 줄지어 기다리는 판에 그 까짓 게 무슨 문제랍니까?

여름

황금기의 첫 아침

1

탄센으로의 이사는 순조로웠습니다. 새로 옮겨갈 집은 현지 UMN사무소에서 이미 구해놓았습니다. 침대나 옷장 같은 기본적인 가구들도 구비됐습니다. 새로 부임하거나 임지를 옮길 때마다 이런저런 세간들을 산더미같이 싸들고 다녀야 한다면 얼마나 불편할까요? 다행히 UMN에서는 각종 가구들을 차곡차곡 모아두었다가 새 식구가 올 때마다 규모에 맞게 나눠주는 방식을 쓰고 있습니다. 선교사들로서는 잘 쓰고 떠날 때 돌려주면 됩니다. 이삿짐 나를 걱정도 없습니다. 보따리만 꾸려놓으면 나머지는 담당자들이 알아서 처리했습니다. 버크* 편으로 보낸 짐은 현지 사무소가 받아서 집안까지 들여놔주었습니다.

그뿐이 아닙니다. UMN에는 행정 조직은 물론이고 은행과 우체국 시스템까지 다 갖추고 있어서 관공서를 오가며 번거로운 절차를 밟는 부담을 덜어주었습니다. 개인적으로는 이민국에조차 가본 적이 없을 정도였습니다. 그렇게 살뜰하게 보살펴준 덕에 정착과정에서 과도한 에너지를 소모할 필요가 없었습니다. 객지에 나와 나그네로 살지만 고향에 있는 듯한 안정감이 들었습니다.

탄센은 아름다웠습니다

새 집은 마음에 들었습니다. 병원 구내에 있는 일종의 사택이었습니다. 동네에 따로 집을 얻어 사는 의사들도 적지 않았지만, 외과 의사만큼은 반드시 병원 울타리 안에 머물러야 했습니다. 응급상황이 벌어졌을 때 신속하게 대처하려면 그럴 수밖에 없었습니다. 방 둘에 거실과 부엌이 딸렸습니다. 진흙벽돌로 벽을 세우고 양철지붕을 올렸습니다. 거실에는 페치카까지 설치되어 있었습니다. 본래 결혼하지 않은 직원들이 나누어 사용하던 공간이었다고 했습니다.

 탄센에 오면 오두막에 살며 아궁이에 불을 지펴 밥을 짓게 될 거라는 생각은 완전히 착각이었습니다(심지어 둘째아이는 "거기도 쌀이 있어요?"라고 진지하게 묻곤 했었습니다). 부엌에는 프로판 가스를 쓸 수 있는 설비까지 버젓이 마련되어 있었습니다.

마당에 서면 멀리 히말라야의 산군이 내다보였습니다. 아침안개가 계곡에 깔리면 높다란 산봉우리와 단둘이 마주선 듯 신비로운 느낌이 들었습니다. 저녁 하늘에 새빨간 노을이 걸릴 때면 숨 막히게 아름다운 장관이 연출됐습니다. 집 주위로는 사시장철 아름다운 꽃들이 만발했습니다. 농장 일을 좋아하는 선교사들이 네팔 직원들과 함께 화초를 가꾸고 과일나무를 키운 덕분입니다. 열매가 열리면 잘 거둬서 집집마다 나눠주었습니다.

차츰 생활은 안정을 찾아갔습니다. 오랜만에 누리는 정착의 기쁨은 달콤했습니다. 한국을 떠나 훈련을 받는 기간 내내 어디에도 둥지를 틀지 못하고 떠돌이새처럼 살았습니다. 언제고 떠나야 한다는 중압감이 그림자처럼 따라다녔습니다. 이제 적어도 몇 년 동안은 뿌리를 내릴 수 있게 된 겁니다. 아내는 다시 주부로서의 삶을 즐기기 시작했습니다. 여기에는 신임 선교사가 원만하게 정착할 수 있도록 선교부에서 파견한 도우미, 만꼬마리의 역할이 컸습니다.

만꼬마리는 자존심이 강하고 똑똑한 친구였습니다. 만사에 뒷말이 없도록 깔끔하게 매조지할 줄 알았습니다. 눈썰미도 보통이 아니어서 한번만 가르쳐주면 뭐든지 척척 만들어냈습니다. 콩을 갈아서 두부 만드는 걸 유심히 지켜보더니 다음부터는 제 힘으로 전 과정을 마무리 지었습니다. 이력이 붙은 뒤에는 집에서 만든 두부를 선교사들에게 판매하는 경지에 올랐습니다. 오래도록 여러 선교사들을 도왔던지라, 서양 음식이라면 빵에서 비스킷, 초콜릿 케이크까지 못 만드는 게 없었습니다. 이제 김치를 담그고 떡 만드는 법까지 익혔으니 동서양을 아우르는 실력을 갖추게 된 겁니다.

진모와 경모도 잘 지냈습니다. 오전에는 인종과 출신이 제각각인 아이들과 한데 어울려 공부했습니다. 학교라기보다 공부방에 가까웠지만 필요한 과정은 그럭저럭 빠짐없이 갖춰져 있었습니다. 오후에는 마음껏 뛰놀았습니다. 아직 어린데다가 성품마저 내성적이어서 여러 아이들과 쉬 어울리지 못하는 게 안타까웠지만 다행히 형과 아우가 서로를 벗 삼아 잘 지냈습니다. 진모와 경모의 첫 친구는 로버트와 루스의 아들, 롭슨이었습니다. 아빠 엄마를 닮아 성격이 무던한 녀석이었습니다. 김밥을 싸주면 너무나 행복해했습니다. 한국을 가보고 싶어 하고 한국 색시랑 결혼하겠다는 소릴 자주 했습니다. 아이들은 종일 들판을 쏘다니며 올챙이나 도마뱀 따위를 사냥했습니다. 스무 마리씩 도마뱀 포로를 잡아다가 머리에 장난감 병정 모자를 씌워주고 훈련을 시킨다며 소란을 피웠습니다. 얼굴은 새카맣게 그을려 영락없는 촌아이가 됐습니다.

병원 식구들은 이렇게 잘 녹아드는 우리 식구의 모습을 보며 행복해했습니다. 모처럼 찾아온 외과의사가 적응에 실패해서 돌아가면 어쩌나 걱정스러웠던 모양입니다. 하긴 그동안 도망치듯 떠나간 이들이 어디 한둘이었어야 말이죠. 네팔인 직원들과 갈등이 심해서, 문화적인 차이가 너무 커서 또는 생활 환경이 너무 열악해서 적잖은 이들이 발길을 돌렸습니다. 단 하루 만에 봇짐을 싼 캐나다 의사의 이야기는 탄센의 전설이었습니다. 도착한 날, 배정받은 숙소를 돌아보고는 내가 어떻게 이런 데서 잘 수가 있느냐며 분개하더니 날이 밝기 무섭게 떠나버렸다는 겁니다. 가난한 이들과 함께하기 위해 태평양을 건너왔지만 불편을 감수할 준비가 되어 있지 않았던 탓에 현장에 머물 수 없었던 겁니다.

고된 육신에 깃드는 깊고 깊은 행복

이사를 마친 며칠 뒤부터 출근을 시작했습니다. 병원의 하루는 오전 일곱 시 사십오 분에 열립니다. 환자를 받기 전에 모든 직원이 모여 성경을 읽고 기도를 드립니다. 전날 입원한 환자들에 대해 간략한 보고가 이뤄지는 것도 그 자리에서입니다.

  여덟 시부터는 회진이 시작되고 오후 다섯 시까지 진료가 이어집니다. 당직이 있는 날은 밤 열한 시에나 퇴근할 수 있습니다. 점심시간 말고도 오전과 오후에 한 차례씩 쉬는 시간이 있습니다. 의사도, 환자도 차를 마시며 숨을 돌립니다. 점심이든 저녁이든, 식사는 주로 집에서 해결합니다. 기껏해야 5분 거리니 서두를 것도 없습니다. 일주일에 닷새 일하고 연간 23일의 휴가를 쓸 수 있습니다. 적어도 규정상으로는 말입니다. 그만하면 여유롭겠다고요? 천만의 말씀입니다.

일은 정신없이 돌아갔습니다. 주로 수술을 했습니다. 메스를 놓은 지 3년이 넘었지만 손의 감각이 완전히 돌아올 때까지 기다릴 여유가 없었습니다. 당장 처치하지 않으면 생명이 위험한 환자들이 줄지어 들어오는 판에 준비타령이나 하고 있을 수는 없는 노릇입니다. 심지어 전문 분야를 가리는 것도 사치였습니다. 정형외과 의사가 따로 없기에 골절수술을 해야 했습니다. 산부인과 의사가 따로 없기에 제왕절개술을 비롯하여 모든 수술을 해야 했습니다. 그 외에도 비뇨기과, 성형외과, 신경외과, 흉부외과, 이비인후과 수술도 해야 했습니다.

전혀 경험이 없더라도 책을 뒤져가며 수술을 해야 했습니다. 저희 병원보다 더 나은 병원은 수도인 카트만두에 있기 때문에 그곳까지 환자들을 보낼 수도 없고, 가라고 해도 환자나 보호자가 가지 않기 때문에 무리를 해서라도 수술을 해주려고 애를 썼습니다.

호출은 밤낮을 가리지 않았습니다. 경험 많은 의사가 당직을 서는 밤에는 마음 편히 잠들 수 있지만, 행여 서툰 의사가 병원을 지키는 날은 오밤중에라도 환자가 도착하기 무섭게 불러내기 일쑤였습니다. 제왕절

개가 필요한 임산부가 들어오는 경우에는 꼼짝 못하게 피곤해도 무조건 뛰쳐나가야 했습니다. 일주일에 두 차례씩 돌아오는 당직은 공포의 대상이었습니다. 아침부터 밤 열한 시까지 평균 열 건 정도의 수술을 소화했습니다. 시쳇말로 '코피가 터지는' 날이었습니다. 고단하지만 환자에 비해 의사수가 턱없이 모자라는데 뭘 어쩌겠습니까? "외과 의사를 더 보내주세요!"라고 기도할 밖에요.

이렇게 피곤한 생활은 탄센을 떠날 때까지 계속됐습니다. 처음에는 팽팽 돌아가는 사이클에 몸을 맞추기가 어려웠습니다. 물갈이를 하는지 배탈까지 생겨서 한 달 내내 설사를 하고 다녔습니다. 급할 때는 병원에서 집까지 오리마냥 뒤뚱뒤뚱 줄달음질을 쳐야 했습니다. 몸은 처지고 수술은 해야 하고 죽을 맛이었습니다. 근무가 없는 날이면 침대에 늘어져 곤하게 잠이 들곤 했습니다. 조금 정신이 돌아오면 성경을 보거나 코트에 나가서 테니스를 쳤습니다. 1950년대에 병원을 건축하면서 가장 먼저 확보해야 할 시설 가운데 하나로 운동장을 꼽았던 설계자는 참으로 지혜로운 사람이었습니다. 테니스 코트에서 스트레스를 해소하고 체력을 다지지 못했더라면 그토록 벅찬 일과를 꾸준히 소화해낼 수 없었을지도 모릅니다.

그러나 몸은 고될지언정 마음은 뿌듯했습니다. 한국에서 오래도록 일했고 뉴질랜드에서도 임시면허로 병원에 다닌 적이 있었지만, 그때는 맛볼 수 없는 기분이었습니다. 물리적인 조건은 네팔과 비교할 수 없을 만큼 뛰어났지만 심리적인 환경은 그렇지 못했습니다.

의사가 권한을 가지고 무한책임을 지는 진료는 애당초 불가능했습니다. 아무래도 방어적인 자세로 환자를 봐야 했고 일정한 테두리를 넘기 어려웠습니다. 탄센은 달랐습니다. 의사가 하나님과 양심 앞에서 거리낌 없이 치료하면 그걸로 그만이었습니다.

누구의 눈치도 볼 필요 없이 소신껏 환자를 대했습니다. 치료비를 낼 형편이 못 되는 환자가 찾아와도 기꺼이 맞아들일 수 있었습니다. 본래 그런 이들을 위해 만들어진 병원이기 때문입니다.

한국이든 뉴질랜드든, 의사는 수두룩했습니다. 굳이 양승봉이 아니더라도 치료를 받는 데는 아무 불편이 없었습니다. 이곳에서는 '특별한' 의사 대접을 받았습니다. 남보다 솜씨가 뛰어나서가 아니라 희소가치가 높았기 때문입니다.

이만하면 내가 있어야 할 자리가 어디인지는 자명했습니다. 그래서 수술환자가 줄지어 대기 중이란 얘길 들으면 한숨이 나는 게 아니라 휘파람이 나왔습니다. 정신없이 일하는 게 즐겁고 행복했습니다. 그 일을 하도록 부르심을 받았고 거기에 순종해서 여기 와 있다는 생각을 하면 늘어졌다가도 새 힘이 났습니다.

아내도 행동 반경을 집에서 병원으로, 지역사회로 넓혀갔습니다. 일주일에 두 번씩 병원에 나와서 아이들에게는 장난감을, 어른들에게는 전도지를 나누어주었습니다. 한편으로는 다른 선교사들과 함께 십자수 모임을 돕기 시작했습니다. 일정한 기간 동안 네팔 여성들에게 십자수를 가르친 뒤에 일거리를 제공하는 프로그램입니다. 훈련과정을 마친 여성들에게는 재료를 나눠주고 턱받이, 카드, 책갈피꽂이 따위를 만들어오게 합니다.

그리고 일주일에 한 번씩 엄격한 심사를 거쳐 합격품에 대해서는 품삯을 지불합니다. 비록 적은 액수지만 돈 벌기가 하늘의 별따기만큼 어려운 네팔 여성들에게는 요긴한 부수입입니다. 그렇게 번 돈은 아이들의 학용품이 되기도 하고 저녁 찬거리가 되기도 했습니다. 생산된 제품 가운데 상당량은 선교사들이 직접 소화했습니다.

소박한 물건들이었지만 고향의 후원자들에게 보낼 선물로는 안성맞춤이었습니다. 나중에는 장거리에 쇼룸을 내고 직원을 채용해서 관리하는 단계까지 발전했습니다.

사람, 황금기를 수놓은 또다른 보석

보석 같은 이웃들과 교제하는 기쁨은 또 하나의 축복이었습니다. 함께 일하는 동료들 가운데 절반은 선교사 자녀들이었습니다. 제각기 누리던 삶의 터전을 떠나 이곳 탄센에 이르기까지 저마다 하나님이 주신 독특한 동기와 계기를 가지고 있었습니다.

서로 존중하고 부족함을 메워주려는 자세가 몸에 밴 이들이었습니다. 물론 거기도 사람 사는 세상이니 더러 불협화음이 터져 나오기도 하고 이해할 수 없는 일들이 벌어지기도 했지만, 전반적으로는 따뜻한 분위기를 잃지 않았습니다. 개개인에게서 옹근 예수님의 모습을 볼 수는 없을지라도, 저마다 가진 아름다운 부분을 떼어내 합치면 주님의 진면목을 재구성하는 건 얼마든지 가능했습니다.

일터에선 보람을, 집안에선 사랑을 찾았습니다. 시간을 쪼개 써야 할 만큼 바빴어도 가족들과 함께하는 시간은 도리어 늘어났습니다. 한국에서는 한번 출근하면 퇴근하고 나서야 식구들을 만날 수 있었지만, 여기서는 수시로 집을 들락거리며 얼굴을 마주했습니다.

휴식 시간에는 집에 들러 아내와 차 한 잔을 나누는 여유를 누렸습니다. 달리 갈 곳도, 할 일도 없었으므로 퇴근한 뒤에는 곧장 집으로 돌아가 가족들과 함께 시간을 보냈습니다. 게다가 멋지고 따뜻한 이웃들이 주위에 널렸습니다.

생활은 넉넉하지 않을지라도 마음은 부자였습니다. 하나님과 함께 걷고 있다는 확신이 삶을 지배했습니다. 의사로서 누릴 수 있는 풍요로

움을 포기해야 한다 해도, 교수로서 가질 수 있는 명예를 놓친다 해도 아쉬울 게 없었습니다.

탄센이란 돌짝밭에는 그보다 더 소중한 보물들이 잔뜩 묻혀 있었습니다. 열심히 캐내기만 하면 그게 다 내 차지가 될 판입니다. 이쯤이면 됐지 뭘 더 바라겠습니까? 이만하면 '인생 최고의 시기'로 꼽을 수 있지 않겠습니까?

1995년 1월. 양승봉, 신경희의 황금기는 그렇게 막이 올랐습니다.

■ **버크** – 소형 버스를 개조해서 만든 차량. 좌석의 일부를 개조해서 더 많은 짐을 실을 수 있도록 조절했다. 주로 카트만두 선교부와 지역을 연결하는 수단으로 사용했다.

이곳에 와 있는 선교사들 가운데는
부모의 뒤를 이어 제3세계 사역에
뛰어든 이들이 많습니다. 세대와 시간의
장벽도 헌신을 가로막지는 못합니다.

레스 도난, 세대를 건너 이어지는 헌신

2

첫째가 들어왔습니다. 한 식구가 늘었을 뿐인데 자리가 가득 차 보입니다. 벌써 대학공부를 마치고 직장에 들어갈 때가 됐다니, 내 머리가 희끗희끗해진 건 생각 못하고 아이가 빨리 자란 것만 신기해합니다. 마침 취업이 확정된 직후여서일까요?

밥상머리의 화제는 단연 '진모의 성공시대' 입니다. 아빠엄마의 지원 없이 쥐꼬리만한 학생수당을 생활비 삼아 대학 4년을 버텨낸 역사, 네 팔에서 성장했다는 이력 덕분에 엄한 교수와 가까워지게 된 사연, 엄청난 경쟁을 뚫고 인턴사원 자리를 따낸 무용담 따위가 이어집니다.

아이들, 마음의 짐이자 기쁨

대견한 느낌과 미안한 생각이 어지럽게 교차합니다. 소아습진으로 밤새 잠 못 이루고 고생하던 게 엊그제 같은데 훌쩍 자라서 건강한 성인이 되어준 게 참 대견합니다. 슈퍼마켓에 가면 할인쿠폰부터 챙겼다거나 뉴질랜드에서 산 옷이라곤 어린 동생에게 선물할 수영복이 전부였다는 얘기에는 속이 짠합니다. 돌아보면 선교사 아빠엄마 탓에 고생이 많았습니다. 네팔로 나오는 건 아이가 선택한 일이 아니었습니다. 부모가 정한 길 때문에 포기할 수밖에 없었던 혜택이 적지 않았습니다. 뉴질랜드로, 카트만두로, 탄센으로 옮길 때마다 현지에 적응하느라 무진 애를 써야 했습니다. 안쓰러운 마음에 하나마나 한 얘길 꺼냅니다. "아빠엄마가 선교사로 나오지 않았더라면 좋았겠지?"

첫째가 대답합니다.

"아쉬운 적도 많았어요. 유학 온 친구들이 자가용 타고 다니는 걸 보고 슬쩍 부러워한 적도 있어요. 한국에선 초등학교 3학년이면 인터넷을 마스터한다는 얘길 들었을 때는 네팔에 사는 바람에 한참 뒤쳐졌다는 느낌이 들더라고요. 저는 중학교에 들어가서야 그런 게 있다는 걸 알았거든요. 하지만 거기까지예요. 두 분한테 서운하거나 아쉽다고 생각하지 않아요. 생활에 큰 지장이 있었던 것도 아닌 걸요. 따지고 보면 저희

들이야 복 받았죠. 남들은 돈 들여 하는 유학, 저희는 공짜잖아요. 엄마 아빠는 여기 계셔야 해요. 전에 그러셨잖아요. 아빠가 한국에 없다고 해서 한국 의료계가 휘청하는 게 아니라고요. 그 말씀 그대로에요. 한국에서 돈벌이하는 것보다 네팔에 계시는 게 더 값지다고 믿어요."

몸집만 큰 줄 알았는데 생각하는 것도 어른입니다. 순간, 철없는 둘째는 어떨까 궁금해집니다. 마음을 읽기라도 한 듯 진모가 전해줍니다.

"경모도 똑같아요. 걔는 나한테 거짓말 안 하거든요. 제가 빈말로 물어봤어요. '아빠가 한국의 큰 병원에서 일하시면 어떨까? 그럼 엄마도 마음 편히 예쁜 옷 사 입고 우리도 용돈 받아가며 공부하고 좋잖아.' 경모가 그랬어요. 그런 면에서는 좋은데 아빠엄마는 네팔에서 나오면 안 된다고요. 양승봉과 신경희가 곧 네팔이라고요. 떼어놓고 생각할 수 없다는 거죠."

이만큼 이해받으며 사는 부모가 또 있을까요? 뭉클합니다. 아빠엄마의 선택을 높이 평가하고, 돕고 싶어 하는 뜻이 기특합니다. 우리 아이들뿐만 아니라 선교사 자녀들 가운데 십중팔구는 다 마찬가지라니 얼마나 대견한지 모르겠습니다. 하지만 다들 돈을, 그것도 많이 벌고 싶다는 얘기의 속내가 마음에 걸립니다.

"선교사 자녀 수련회 같은 데 가보면 다들 선교사가 되거나 뒤에 돕는 사람이 되겠다고 해요. 부모님 때문에 힘들었으니까 뒤도 돌아보고 싶지 않다고 말하는 애들은 한 명도 없어요. 백이면 백 다 그래요. 그런데 조건이 있어요. 돈부터 벌어야겠대요. 선교사 자녀들은 부모가 어떻게 사는지 다 봤잖아요. 어떤 뜻을 가졌는지도 알지만 얼마나 고생하는지, 얼마나 쪼들리는지도 두 눈으로 지켜본 거죠."

무슨 얘긴지는 알겠습니다. 그러나 부모로서 우리 의견은 다릅니다. 돈을 많이 버는 사람이 되기보다는 기왕에 갖게 된 국제적인 감각에다 전문적인 능력을 보태서 세계를 무대로 선한 일을 하며 살았으면 좋겠습니다. 몸과 영혼이 모두 가난한 이들을 돕는 일에 대를 이어 헌신하는 것도 멋지지 않을까요? 아이들은 기억하는지 모르겠습니다만, 탄센에는 그런 이들이 여럿 있었습니다. 진료부장으로 일하던 레스 도난만 해도 그렇습니다.

⚘ 영어, 네팔 말, 힌디에 일본어까지

탄센병원에는 한국, 일본, 미국, 네덜란드, 스웨덴, 영국, 독일, 오스트레일리아 등 세계 곳곳에서 온 의사들이 모여 삽니다. 인종이 다르고 문화가 다르고 성장배경이 제각각입니다. '그리스도의 사랑'이라는 연결고리가 느슨해지면 언제라도 복잡한 문제들이 생길 수 있습니다. 허리를 꺾어 절하는 한국인과, 뺨을 때려가며 인사하는 에스키모 어느 부족이 만나면 오해는 필연적일 수밖에 없습니다. 상황이 이렇다보니 고도의 커뮤니케이션 능력이 요구됩니다. 특히 의사들 사이의 대화에 사용되는 영어와 회의 및 진료용 언어인 네팔어에 익숙해지는 게 대단히 중요합니다.

　레스 도난 선생은 두 언어 모두에서 타의 추종을 불허할 만큼 탁월합니다. 영어는 모국어니까 그렇다 쳐도 네팔어까지 능란하게 구사하는 걸 보면 혀를 내두르게 됩니다. 전국을 통틀어 그토록 현지어에 유창한 외국인은 만나본 적이 없습니다. 회의를 주재하는 건 물론이고 섬세한 표현이 필요한 설교까지 막힘없이 해냅니다.

　그뿐 아닙니다. 인도인들이 사용하는 힌디에도 능통했습니다. 탄센은 인디아와 거리가 가까워서 외래환자 가운데 적어도 10퍼센트는 인도인들입니다. 국경지대에서는 네팔 사람들도 힌디를 더 편안하게 생각합니다. 힌디로 말하고, 힌디로 생각하고, 힌디 영화를 보고, 힌디 텔레비전을 시청합니다. 춤사위마저 인디아 풍입니다. 힌디를 쓰는 인도인이나 네팔사람이 진료를 받으러 오면, 통역을 세워서 대화를 합니다. 레스는 그게 거추장스러웠던 모양입니다. 스스로 공부해서 이젠 불편함을 느끼지 않고 대화하는 경지에 이르렀습니다.

　한편으론 영어가 서툰 일본인 의사와도 아주 친하게 지냅니다. 네팔어로 의사소통하면 되겠다고요? 천만에요. 놀랍게도 거침없는 일본어로 대화를 나눕니다. 당시에는 전화가 귀해서 한 대를 몇 집이 나눠 쓰는 형편이었는데 일본에서 걸려오는 전화도 척척 바꿔주곤 했습니다. 일본 풍습에도 익숙해서 190센티미터에 이르는 거구에도 불구하고 무릎 꿇고 앉는 걸 전혀 불편해하지 않습니다. 서툰 영어 때문에 외로웠던 일본인 부부에게는 이만한 친구가 없습니다. 병원 식구들끼리는 농담 삼아 묻곤 했습니다. "레스 도난의 모국어가 뭔지 아는 사람? 1번 네팔어. 2번 힌디. 3번 일본어. 4번 영어!"

레스가 이처럼 여러 언어에 능통할 수 있었던 건 40년간 일본 선교사로 일했던 부모를 따라 20년 가까이 일본에서 살았던 덕분이었습니다. 네팔어는 일본어나 한국어와 어순이 같으므로 배우기가 한결 쉬웠을 겁니다. 이처럼 다양한 문화권을 떠돌며 특수한 언어를 체득할 수 있다는 건 선교사 자녀들의 특권임에 틀림없습니다. 하지만 어린시절에도 그렇게 생각했을지는 의문입니다. 레스의 양친이 일본에 들어가 교회를 세우고 현지인들을 돕기 시작한 건 제2차 세계대전이 끝난 직후였습니다. 생활조건이 지금의 네팔 못지않게 팍팍하던 시기였습니다. 게다가 두 어른의 교육방침도 독특했습니다. 아이들이 학교에 들어갈 나이가 되자 더 나은 교육을 받을 수 있는 기관을 찾거나 고향에 보내 공부시키는 대신 일본학교에 들여보내 현지인들과 똑같이 공부하게 한 겁니다. 독특한 외모와 사고방식을 가진 아이가 다수 일본 친구들 틈에 섞여 지내자면 남다른 노력이 필요했을 게 분명합니다.

레스는 초등학교부터 줄곧 우등생 자리를 놓치지 않았습니다. 한국만큼이나 경쟁이 치열한 입시지옥을 뚫고 일류 고등학교에 들어갔습니다. 우수한 성적으로 졸업한 뒤에는 의과대학을 지원해서 일본과 미국에서 동시에 합격했습니다. 마침내 시카고의대에서 가정의학 전문의 자격을 얻는 날, 그에게는 세계인으로 살아갈 길이 활짝 열렸습니다. 이제 어디든 원하는 곳에서 일할 수 있게 되었습니다. 그러나 궁극적으로 레스가 향한 곳은 네팔이었습니다. 부모의 뒤를 이어 가장 열악하지만 의사의 손길이 가장 필요한 곳에 뛰어든 겁니다.

세대를 이어 계속되는 헌신의 릴레이

하지만 오해하지 마십시오. 레스는 말만 잘 했던 건 아닙니다. 진료부장으로서 병원이 아무 문제없이 운영되도록 이끌었습니다. 풍부한 경험을 바탕으로 동료들은 물론이고 네팔 직원에게까지 더없이 깊은 신뢰를 받았습니다.

가정의학 전문의로서 실력도 상당해서 환자들 사이에서 두루 인기가 높았습니다. 외과에서는 또다른 의미에서 그를 좋아했습니다. 외과의사의 잠자리가 얼마나 편안하냐는 응급실 당직의사가 좌우한다고 해도 과언이 아닙니다. 응급실은 주로 가정의가 맡았는데, 노련하지 못한 의사가 자리를 지키는 날은 하룻밤에도 몇 차례씩 집과 병원 사이를 왕복해야 합니다. 레스가 당직을 서는 날은 마음 놓고 푹 자도 좋습니다. 특별한 경우가 아니라면 다시 불러내는 일이 없기 때문입니다. 응급수술이 필요한 경우가 아니면 까다로운 외과환자도 혼자서 다 처리해놓곤 했습니다. 의사로서의 판단도 정확해서 그대로 믿고 따를 수 있었습니다. 하루 종일 수술에 시달리는 외과의사에게는 그만한 선물이 없습니다.

레스는 지금도 아버지의 일터였던 일본을 고향처럼 여깁니다. 레스의 불알친구들은 모두 일본인입니다. 스스로 백인이고 미국인이지만 동양인과 지내는 게 더 마음 편하다고 스스럼없이 말합니다. 대학시절 내내 일본인, 한국인, 중국인 친구들과만 어울려 다녔다니 더 말해 뭐하겠습니까? 아내, 데비를 만나는 데도 '선교'라는 두 글자가 결정적인 역할을 했습니다. 데비가 출석하던 교회에 두 어른이 선교 보고를 하러 방문한 것이 계기가 됐습니다. 동행했던 레스와 자연스럽게 만나게 됐고 결국 가정을 이룬 겁니다. 데비 역시 대학을 졸업한 뒤 2년 동안 일본에서 영어교사로 일한 적이 있어서 일본의 전통과 문화를 잘 이해했습니다. 어린아이들마저 아빠엄마를 따라가는지 김밥이나 김이라면 사족을 못

쓸 만큼 좋아했습니다. 진모와 경모가 김밥을 싸 가면 자기 도시락과 바꿔 먹자고 줄을 설 정도였습니다.

레스의 삶에는 부모의 영향이 짙게 드리워 있습니다. 생각해보면 그의 양친은 보통 어른이 아니었습니다. 오랜 세월에 걸쳐 낯선 땅, 일본에 살며 사역한 것도 대단한 헌신이지만 자식을 일본학교에 보내서 현지인들 틈에 녹아들게 한다는 것 역시 아무나 할 수 있는 일이 아닙니다. 척박한 환경 속에서 성장한 아들이 의사가 되고 다시 네팔 사람들을 섬기는 선교사가 되었으니 얼마나 뿌듯하겠습니까. 선교사로서도, 아버지로서도 그저 부러울 따름입니다.

탄센에는 레스 도난과 비슷한 개인사를 가진 이들이 수두룩했습니다. 함께 일한 동료들 가운데 절반 이상은 선교사의 자녀로 태어나 성장했습니다. 험한 길을 찾아든 부모 탓에 그만큼 고생을 했으면 진저리를 칠 법도 하련만, 태어난 곳을 찾아 돌아오는 연어처럼 선대와 비슷한 생활을 선택한 겁니다. 간혹 부모가 노구를 이끌고 탄센을 찾으면 감격적인 장면이 연출됩니다. 나이든 부모와 자녀가 만나는 가족상봉이자 선배와 후배 선교사가 한데 어울려 서로 격려하는 근사한 모임이 이뤄집니다. 인도에서 수십 년 동안 일했던 팔순의 선교사가 아들을 만나러 온 김에 네팔 교회에 들러 힌디로 설교하는 장면은 엄숙하고도 감동적이었습니다.

양-승-봉 같은 의사가 되겠다고?

한때는 진모, 경모, 인모 삼형제 가운데 누구 하나는 의사나 선교사가 되면 좋겠다고 생각했습니다. 하지만 그게 어디 부모 뜻대로 되는 일이랍디까? 하나님이 어디로 데려가시는지 바라볼 따름입니다. 첫째 진모는 약학대학을 졸업하고 이제 막 직장생활을 시작하였습니다. 뉴질랜드에서 가장 큰 약국 체인에서 일을 배울 모양입니다. 둘째 경모는 아직 대학생이지만 기업을 일구고 경영하겠다는 소릴 입에 달고 사니 아무래도 그쪽으로 나갈 모양입니다.

막내요? 초등학생답게 꿈이 하루에도 몇 번씩 바뀝니다. 춤꾼이 되겠다고 했다가, 선교사가 되겠다고 했다가 오락가락입니다. 그래도 가장 자주 나오는 소리는 "의사가 되겠다"는 겁니다. 덧붙이는 소리가 재미있습니다.

"그냥 의사가 아니고요, 양-승-봉 같은 의사가 될 거예요."

역시 막내의 평가가 가장 후합니다. 부모로서 이만큼 큰 칭찬이 또 있을까요? 아빠 같은 의사라, 정신이 번쩍 듭니다. 대충 살았다간 큰일 나겠습니다.

힌두교의 3대 주신

힌두교는 3억3천만의 신을 섬기는 다신교다. 그 가운데서도 브라흐마, 비슈누, 시바를 3대 주신으로 신봉한다. 브라흐마는 4개의 머리와 손을 가지고 있으며 만물을 만들어낸 창조의 신으로 알려져 있다. 비슈누는 보존과 유지의 신이다.

'거루다'라는 새를 타고 다니며 인간을 구원한다고 한다. 세상이 어려움에 처할 때마다 여러 가지 형상으로 나타나서 도와준다는 것이다. 시바는 파괴의 신인 동시에 재건의 신이다. 엄청난 힘을 가지고 있다고 해서 시바신을 특별히 좋아하는 힌두교도가 많다. 수행자의 모습이기도 하고 쾌락을 즐기는 관능적인 신이기도 하다.

_ 〈Knowing About Nepal(FHI 발행)〉

'막내'라는 선물이 도착하기까지는
우여곡절이 많았습니다. 그러나 불만은 없습니다.
어려운 고비 하나하나가
선물을 돋보이게 만드는 장식물들이었기 때문입니다.

여름

인모, 선물로 또는 사랑의 빚으로

3

강원희 선생님 내외가 김칫거리와 수박 네 덩어리를 가져왔습니다. 한 달씩이나 머물며 부족한 일손을 메워주는 것만으로도 고마운데 값진 선물들까지 잔뜩 받았으니 호박이 넝쿨째 굴러든 셈입니다. 장에 가면 널린 게 푸성귀와 과일이 아니냐고요? 그까짓 게 무슨 선물이 되느냐고요? 모르시는 말씀. 채소라고 다 같은 채소가 아니고 과일도 과일 나름이지요. 김치를 담글 수 있는 배추는 카트만두 시장에나 가야 간신히 구할 수 있습니다. 수박도 마찬가지입니다. 탄센 인근에서는 눈을 씻고 찾아봐도 만나기 어렵습니다. 돈이 있어도 구하기 어려운, 그야말로 '귀물(貴物)'입니다. 비행기 삯에 추가요금까지 물어가며 소중한 선물을 실어다준 두 어른의 마음이 저리도록 감사했습니다.

하긴, 어디 그뿐이겠습니까? 생각해보면 참으로 고마운 선물을 많이도 받았습니다. 가까운 이들이 보내주기도 하고 얼굴조차 모르는 이들이 부쳐주기도 했습니다. 내용물도 가지가지. 책도 있고, 학용품도 있고, 가전제품도 있습니다. 국군장병들처럼 위문품을 받은 적도 있습니다. 상자 속에서는 반가운 물건들이 쏟아져 나왔습니다. 된장에서(덕분에 한동안 양념 걱정 없이 지냈습니다) 가위까지(그렇지 않아도 쓰던 게 똑 부러져서 난감했는데) 온갖 물건들이 다 들어 있었습니다. 까마귀가 물고 오는 이런 보따리들은 언제나 풍족하고 감격스러웠습니다.

하지만 탄센에 사는 동안 받은 가장 큰 선물은 따로 있습니다. 무엇과도 비교할 수 없을 만큼 독특하고 특별한 아이템입니다. 세월이 지날수록 새록새록 사랑스럽고 보면 볼수록 어여쁩니다. 닳아 없어지는 소모품이 아니고 반영구적인 종합선물세트입니다. 뭔데 그렇게 호들갑이냐고요? 바로 늦둥이 막내, 양인모입니다.

비상, 배달사고를 막아라!

1997년 2월, 휴가를 내고 온 식구가 인디아로 여행을 다녀올 계획이었습니다. 병원 식구들 가운데 인디아에 다녀오지 않은 집은 우리뿐이었습니다. 자동차로 세 시간만 달리면 국경이니 대단할 것도 없는 여정이었습니다. 차근차근 준비를 갖췄습니다. 미리 비자를 내고 국경에서 델리까지 들어가는 기차표도 구해왔습니다. 그런데 늘 씩씩하던 아내가 아무래도 이상했습니다. 간단한 나들이도 힘들어하고 똑같은 길을 걸어도 남보다 뒤쳐졌습니다. 생리까지 끊어지자 짚이는 데가 있었습니다. 혹시나 하는 마음으로 초음파 검사를 해봤더니 역시 임신이었습니다. 엄지손톱만한 태낭이 발견된 겁니다.

　인도 여행은 취소됐습니다. 아깝지는 않았습니다. 둘째를 낳은 지 9년 만에 경사가 났는데 그깟 여행이 문제랍니까? 사실은 은근히 셋째를 기다려왔습니다. 행복한 가정일수록 자녀가 많다는 게(착각일지도 모르지만 어쨌든) 우리 부부의 지론입니다. 집안에 아이들이 복닥거리는 걸 보면 참 부러워보였습니다. 하지만 그게 어디 마음대로 돼야 말이지요. 이제는 안 되나보다, 막 단념하려던 참인데 생각지도 못한 아기가 생겼습니다. 뜻밖이긴 했지만 일생일대의 엄청난 선물이 도착한 겁니다.

　그런데 문제가 생겼습니다. 특별한 선물은 배달과정도 까다로운 법인가요? 아내의 입덧은 아예 자리를 보전하고 누워야 할 만큼 지독했습니다. 불쑥 먹고 싶은 게 떠오른다 해도 해결방법이 없습니다. 한번은 복숭아 통조림이 사무치도록 간절했습니다. 토하고 걷기를 되풀이해가며 시장을 샅샅이 뒤졌지만 결국 포기하고 말았습니다. 우동 한 그릇만 먹으면 입덧이 싹 가실 것 같아서 카트만두까지 열한 시간을 달려 나온 적도 있습니다.

엎친 데 덮친 격으로 하혈까지 시작됐습니다. 집에 찾아온 친구와 한참 수다를 떨고 일어서려는 데 앉았던 자리에 피가 흥건했습니다. 곧바로 비상이 걸렸습니다.

의사가 달려와서 산모를 입원시켰습니다. 검사 결과, 태반이 자궁 입구 쪽으로 많이 쳐져있는 게 드러났습니다. 출혈은 쉬 가라앉지 않았습니다. 빈혈이 생기고 수혈을 받아야 할 지경에 이르면 의사는 특단의 조처를 강구할 수도 있었습니다.

다행히 상태는 다소 호전됐습니다. 완전하지는 않지만 출혈도 가라앉았습니다. 이틀 뒤, 의사는 '절대 안정'이란 단서를 붙여 퇴원을 허락했습니다. 임신 초기의 과다출혈은 유산으로 연결되기 쉬우므로 꼼짝 않고 안정하는 것만이 태아를 지킬 방책이라는 겁니다. 행동 반경은 침대로 제한됐습니다. 하루 종일 침대를 벗어날 수 없습니다. 침대에 앉아서 씻고, 먹고, 쉽니다. 침대 옆에는 양동이가 준비되어 있습니다. 볼일을 해결하는 일종의 '이동식 변기'입니다.

동료들과 네팔친구들의 문병도 제한됐습니다. 의사는 '면회 사절. 부득이한 경우에도 10분을 넘지 말 것'이라고 적힌 안내문을 문밖에 내걸었습니다. 영어든 네팔 말이든 외국어로 대화하다보면 아무래도 신경을 많이 쓰게 되는데, 현재 상태로는 그것마저 해로울 수 있다는 이유였습니다.

아기를 지키려는 불가피한 조처였지만 아내는 죽을 맛입니다. 건강하고 에너지가 넘치던 성인에서 순식간에 아무것도 할 수 없는 아기로 변했습니다. 기한도 정해지지 않았습니다. 의사가 그만해도 좋다고 할 때까지 무한정 그렇게 살아야 합니다. 하루가 지나고, 한 주가 지나고, 한 달이 지나도록 똑같은 상태가 계속됐습니다. 시간이 갈수록 아내의 자존감도 뚝뚝 떨어져갔습니다. 이제는 출혈뿐만 아니라 정서적인 스트레스와도 싸워야 했습니다.

아내가 하던 일은 고스란히 내 몫이 됐습니다. 환자들 치료하랴, 집안일을 처리하랴, 침대에 누운 아내의 비위를 맞추랴, 둘째 경모를 준비시켜 학교에 보내랴 눈코 뜰 새 없이 바빴습니다. 종일 근무한 뒤에 밤 한 시까지 당직을 서고 잠깐 눈을 붙였다가 새벽 다섯 시에 방학을 맞은 첫째를 데리러 카트만두로 떠나는 식이었습니다. 임금의 자리에서 밀려나 졸지에 머슴 신세가 됐지만, 산모의 유일한 보호자로서 어쩔 수 없는 일이었습니다.

아이는 한국에서 낳으세요

출혈은 두 달이 넘도록 그치지 않았습니다. 담당의사는 불안해했습니다. 의사는 우리 부부를 붙들고 상황을 자세히 설명했습니다. 손가락을 꼽아가며 예상되는 위험을 차근차근 설명했습니다. 태반이 낮게 위치해서 조산의 위험이 높았습니다. 마흔이 다 된 산모의 나이도 걱정스러웠습니다. 출혈을 멈추게 하는 치료를 하느라 주사도 여러 번 맞았습니다. 조기출산을 한다든지 선천선 장애나 기형을 가진 아기가 태어나지 않는다고 장담할 수 없었습니다. 혹시라도 그런 문제가 생긴다면 네팔, 그것도 시골에 있는 병원으로서는 적절히 대응하기가 어려웠습니다. 마침내 의사의 결정이 떨어졌습니다.

"한국으로 돌아가세요. 거기서 아이를 낳는 게 좋겠습니다."

가라니 가긴 해야겠는데, 먼 길이 걱정입니다. 열댓 명이 타는 조그만 비행기 편으로 카트만두까지 간 다음 여객기로 갈아타고 방콕이나 홍콩을 경유해서 한국에 들어가는 대장정도 심란하지만, 절대안정이 필요한 산모를 데리고 가까운 지방공항까지 비포장도로를 달리는 일도 힘든 숙제입니다. 앰뷸런스가 없으니 지프를 탈 수밖에 없는데, 울퉁불퉁한 길을 얼마나 부드럽게 주행할 수 있을지 의심스럽습니다. 화물칸에 짐들을 가능한 한 편편하게 싣고 그 위에 스펀지 담요 두 장을 까는 게 수송

대책의 전부입니다. 어쨌든 자동차는 움직이기 시작했습니다. 동료들의 눈에는 산모가 무사히 한국에 닿을 수 있을지, 또 출산한 뒤에 다시 돌아오기는 할지 영 불안해보였던 모양입니다. 마치 영영 이별할 사람들처럼 모두 길가에 나와서 전송해주었습니다.

간신히 한국에 도착했건만, 상황은 요상하게만 돌아갔습니다. 한국 의사들은 미리 짜놓기라도 한 것처럼 아무 탈이 없노라고, 당장 네팔로 돌아가도 괜찮을 정도라고 입을 모았습니다. 산부인과 병원을 개업해서 운영하는 친구도, 대학병원 산부인과 주임으로 일하는 교수님도 한결같은 의견이었습니다. 태반의 위치를 포함해서 모든 상태가 정상이라는 겁니다. 내로라하는 전문가들이 괜찮다니 따라야지 별 수 있나요? 그동안 사서 모아둔 출산 준비물들을 주섬주섬 챙겨서 다시 비행기에 올랐습니다.

탄센으로 돌아가는 과정이 얼마나 복잡하고 고단했는지 구구절절 옮기지는 않겠습니다. 다만 30년 된 낡은 택시를 대절해 타고 장맛비로 불어난 강물을 수없이 건너가며 강행군을 했다는 얘기까지만 해두겠습니다. 기상악화로 비행기가 뜰 수 없으면 다음 비행기가 뜰 때까지 며칠동안 기다려야 마땅했습니다. 그런 이유에서 귀환이 늦어지는 경우라면 병원에서도 충분히 양해해주었을 겁니다. 그러나 소처럼 고지식한 초년병 선교사에게는 그만큼의 융통성도 없었습니다. 만삭의 아내와 어린 아이들을 데리고 그 위험한 길을 내달렸습니다. 바로 다음 날부터 다시 수술 칼을 잡았음은 두말할 것도 없습니다. 지금 생각하면 용감한 건지, 무식한 건지 통 구분이 가지 않습니다.

아기는 예정일을 훨씬 앞당겨 태어났습니다. 출산하던 날 아침부터 머리가 심하게 지끈거렸지만 아직 한 달이라는 시간이 남아 있었으므로 때가 됐을 거라고는 생각지도 못했습니다. 아내는 여느 때처럼 시내에 가서 우편물들을 보내고 십자수 모임을 진행했습니다. 이제는 허리까지 끊어질 듯 아파서 서 있기조차 힘들었지만 그저 그러려니 하고 참았을 따름입니다. 견디다 못해 병원으로 전화를 걸었을 때쯤에는 이미 출산이 임박한 시점이었습니다. 네덜란드 출신 조산 간호사, 렌스카가 달려와서 산모를 분만실로 안내했습니다.

출산과정은 렌스카가 모두 진행했습니다. 의사는 한편에 서서 전반적인 상황을 통제하고 감독할 뿐 가까이 침상 곁에 다가오지 않으려 했습니다. 산모가 동료 의사의 아내였으므로 품위를 생각해서 내진은 모두 여성에게 맡긴 것입니다. 아내도 나도 마음이 편안했습니다. 정중한 대접을 받고 있다는 느낌이 들었습니다. 20년 경력을 자랑하는 조산원의 숙련된 솜씨에 노련한 의사의 감독까지 보태졌으니 걱정할 게 뭐 있겠습니까?

분만대로 올라간지 20분쯤 됐을까요? 마침내 2.5킬로그램의 남자아기가 태어났습니다. 산모 역시 건강했습니다. 얼굴에선 부기조차 찾아볼 수 없었습니다. 렌스카가 아기를 깨끗이 씻기고 옷을 입혀 아내 품에 안겨주었습니다.

화물칸에 탔어도 느낌은 퍼스트클래스

산모의 침대 곁에는 친정엄마가 없었습니다. 병실은 허름하고 우중충했습니다. 아내로서는 몸도 마음도 적잖이 힘들었을 겁니다. 그런데도 아내는 세 차례에 걸친 출산 경험 가운데 "이번이 가장 편안했다"고 했습니다. "마치 퍼스트클래스 승객이 되어 여행하는 기분"이라는 겁니다.

낯선 땅, 형편없는 시설에서 아기를 낳으면서도 불안감 대신 행복감을 느낄 수 있었던 건, 의료진의 마음 씀씀이가 그만큼 세심했기 때문입니다.

의사와 조산원만이 아니었습니다. 아내가 분만실 안에 있는 동안 문 밖에는 스웨덴인 의사 피지와 인디아 출신 크리스토퍼가 자리를 지켰습니다. 응급상황이 벌어지면 피를 나눠주려고 혈액형이 같은 동료들이 대기하고 있었던 겁니다. 탈 없이 상황이 마무리되자 이번에는 짐꾼 역할을 자청했습니다. 꼼짝 못하는 산모를 집까지 날라주겠다는 얘깁니다. 환한 얼굴로 떠들썩하게 축하인사를 건넨 두 사람은 휠체어채로 아내를 번쩍 들어올렸습니다. 병원에서 집까지는 오십 미터 정도에 불과했지만 자정이 넘은 캄캄한 밤에 축 늘어진 사람을 안고 걷는 일을 고역이었을 겁니다. 자리에 앉은 아내의 귀에도, 곁에서 걷는 내 귀에도 두 장정의 씩씩거리는 거친 숨소리가 또렷이 들렸습니다.

렌스카는 퇴원한 뒤에도 부지런히 드나들며 시중을 들어주었습니다. 사흘걸이로 찾아와 산모의 상처를 살피고 갓난아이를 목욕시켰습니다. 원활하게 수유하는 방법을 비롯해서 아이엄마에게 필요한 정보들을 끊임없이 물어 날랐습니다. 담당의사도 지속적으로 관심을 가지고 모자의 상태를 점검했습니다.

동료들은 새로운 생명의 탄생을 자기 일처럼 기뻐해주었습니다. 특히 네팔친구들은 각별히 귀여워했습니다. 선교사가 본국으로 돌아가지 않고 네팔에서 아이를 낳았다는 사실이 친근감을 더하게 했던 모양입니다. 얼마 가지 않아 아기는 간호사들 사이에서 톱스타가 되었습니다. 병원 식구들은 아기에게 '자야 바하두르'란 이름을 붙이자고 했습니다. 태어나기도 전에 미리 작명해두었던 성명, '코니(Kone)'는 자동 폐기됐습니다. 딸이 태어날 거라고 철석같이 믿고 코리아와 네팔에서 한 음절씩 따다가 만든 여성스러운 이름이었으니 사내아이용으로는 쓸 수가 없었습니다. 우리는 아빠엄마로서 거부권을 행사했습니다.

순 한국식 이름, 인모라고 부르기로 한 겁니다. 양인모.

아직도 갚아야 할 빚이 많습니다

곧이어 축하 손님들이 줄지어 찾아왔습니다. 저마다 정성스럽게 쓴 카드와 선물을 준비했습니다. 대부분 탄센에서는 구할 수도, 볼 수도 없는 물건들이었습니다. 카트만두에 나갈 일이 있을 때, 또는 나들이 나가는 동료 편에 구입해둔 게 분명했습니다. 돈으로 따질 수 없는 그 마음들이 소중했습니다.

십수 년이 지난 지금, 누가 무슨 선물을 주었는지는 또렷하지 않습니다. 따듯한 사랑과 보살핌만 생생하게 기억날 따름입니다. 주는 쪽에서야 돌려받을 기대 없이 그냥 베풀었겠지만 우리로서는 기회가 닿는 대로 그 사랑에 보답하고 싶습니다. 물론 기회는 쉽게 오지 않을 겁니다. 마음을 써준 친구들 가운데 대다수는 사역을 마치고 고향으로 돌아갔습니다. 당사자에게 직접 돌려줄 수 없다면 그들이 사랑했던 이들, 가난하고 헐벗은 네팔 친구들에게라도 갚아야겠습니다. 네팔에 들어온 지 13년이 넘는데, 아직도 갚아야 할 사랑의 빚이 이렇게 많습니다.

막스가 떠나던 날, 병원 마당엔 수많은 이들이
모여 눈물지으며 아쉬워했습니다.
네팔의 백성들을 온몸으로 껴안았던 그의 삶이 짙게 투영된 장면이었습니다.

여름

가운을 입은 예수님의 초상

4

네팔에 놀러 오실 계획이라고요? 눈 모자를 뒤집어쓴 히말라야의 고봉들을 보고 싶다는 말씀이지요? 그럼 5월에서 9월 사이는 피하는 게 좋겠습니다. 비가 많이 내리는 기간이라 원하는 장관을 만나기 어렵기 때문입니다. 짙은 구름이 하늘을 뒤덮고 있는 동안은 여기 사는 이들조차 운해 너머에 설산이 버티고 있다는 사실을 잊어버리기 일쑤입니다. 에베레스트와 칸첸중가, 로체, 마칼루, 초오유, 다울라기리, 마나슬루, 안나푸르나 같은 8천 미터 급 고봉은 마치 존재하지 않는 듯 자취를 감춥니다. 다시 온전한 히말라야의 얼굴을 대하게 되는 건 구름이 걷히고 공기가 투명해지는 9월 하순쯤입니다.

어느 날 아침, 청명한 하늘을 배경으로 우뚝 솟은 봉우리들을 발견하고 "아!" 하는 탄성을 내뱉게 되는 겁니다.

　사노라면 더러 네팔의 설산 같은 이들을 만나게 됩니다. 평소에는 존재감이 전혀 없거나 눈에 잘 띄지 않다가 어느 순간 높은 봉우리처럼 불쑥 솟아오르는 인물들 얘깁니다. 우리한테는 막스가 그랬습니다. 기억하시죠? 인모의 출산을 정성껏 뒷바라지했던 점잖은 의사 말입니다.

　1960년생이라고 했으니까 지금은 50을 바라보는 나이가 됐을 겁니다. 북아일랜드 출신의 영국인으로 가정의학을 전공한 전문의였습니다. 시원하게 벗겨진 머리에 둥그스름한 얼굴을 가졌습니다. 거기다 동그란 뿔테 안경까지 쓰고 다녀서 얼굴만 보면 전반적으로 둥글둥글, 부드러운 느낌이 들었습니다. 다른 한편으로는 훌쩍 큰 키에 늘 와이셔츠 한 자락을 바지 밖으로 꺼내놓은 게 얼마쯤 헐렁해 보이기도 했습니다. 특별할 것도 대단할 것도 없는 평범한 인상이었습니다. 그래서였을까요? 오가며 인사를 주고받기는 했지만 특별히 주목해보지는 않았습니다.

　우리 관계가 구체적이고 긴밀하게 변하기 시작한 건 인모를 갖게 된 뒤부터였습니다. 의사와 임산부 또는 보호자로 마주할 기회가 잦아지면서 그의 행동거지와 인품이 하나씩 둘씩 눈에 들어오기 시작했습니다. 씹으면 씹을수록 은근한 맛이 우러나는 쌀밥 같은 사람이더군요.

　유난을 떨지도 않고 과장된 몸짓을 보이지도 않았지만 간단한 말 한마디, 사소한 움직임 하나에서도 그리스도의 향기가 났습니다. 언제부터인가 우리는 막스를 유심히 지켜보기 시작했습니다.

막스, 눈높이를 맞출 줄 아는 의사

무엇보다도, 환자를 기다리지 않고 찾아다닐 줄 아는 의사라는 게 마음에 들었습니다. 아내의 출혈이 심할 무렵, 막스는 하루에 세 번씩 꼬박꼬박 대문을 두드렸습니다. 아침에 출근하면 곧장 왕진을 나왔습니다. 점심때도 잠깐 시간을 내서 다녀갔습니다. 퇴근길에는 반드시 우리 집을 거쳐 갔습니다. 나중에는 그의 부인이 전화를 걸어올 정도가 됐습니다. "우리 남편, 거기 있지요?" 시간이 많아서였을까요? 그럴 리는 없습니다. 진료다, 당직이다, 교육이다 해서 누구 못지않게 분주한 양반이었으니까요. 동료라서 특별히 신경을 썼을까요? 그랬더라면 무척 고마워하면서도 다른 환자들에게 몹시 미안했을 겁니다. 우리한테 신경 쓰느라 누군가는 순서가 밀렸을 테니까요. 하지만 막스의 태도는 언제나 열성적이고 겸손했습니다. 네팔 환자를 치료할 때나, 네팔 직원을 대할 때나, 우리 같은 동료를 도울 때나 한결같았습니다. 환자를 이토록 특별하게 대접할 줄 아는 의사가 세상에 몇이나 되겠습니까?

눈높이를 맞추는 능력도 최상급이었습니다. 아내를 보살피러 오면 막스는 늘 콘크리트 바닥에 무릎을 꿇고 앉았습니다. 환자와 같은 수준에서 대화하려는 겁니다. 꺽다리 서양인이 침대 끝에 팔을 괴고 앉아 고개를 끄덕이는 모습은 신기하면서도 감동적이었습니다.

말수도 적은 편이었습니다. 무얼 가르치거나 지시하려 들지 않았습니다. 몇 가지 질문으로 상대방의 말문을 틔어놓고서는 가만히 듣기만 했습니다. 하고 싶은 말이 생기면 또렷한 발음으로 느릿느릿 이야기했습니다. 상대방이 충분히 알아듣도록 여유를 두자는 뜻이었습니다. 심지어 '태아와 엄마를 연결시키는 기관'을 한국말로 어떻게 부르는지 물어서 다음부터는 줄곧 '태반'이란 표현을 사용했습니다. 긴 대화가 끝나면 위로와 기도를 잊지 않았습니다. 말뿐만 아니라 눈길과 몸짓에서도 따듯한 마음이 읽혀졌습니다. 보살핌을 주고받는다는 게 이런 거구나 하는 생각이 절로 들었습니다.

막스는 지시할 뿐만 아니라 대안까지 찾아주려고 노력했습니다. '절대안정'에 들어간 아내는 거의 미칠 지경이 됐습니다. 신체적인 불편도 문제였지만 정서적인 스트레스가 이만저만이 아니었습니다. '선교사랍시고 나와서 이렇게 누워만 있으니 한심하다'는 식의 자괴감에 시달렸습니다. 상황을 감지한 막스는 어떻게 해서든지 맺힌 마음을 풀어주고 싶어 했습니다. 우선 영국에서 보내온 여성지를 한 아름 모아왔습니다. 꼼짝 못하고 누워 있는 동안 잡지라도 읽으며 무료함을 덜라는 겁니다.

얼마 뒤에는 자기 집에서 보던 9인치 텔레비전에다가 동료한테 얻어온 비디오기계를 연결해주었습니다. 병원식구들에게 연통을 돌려서 집집마다 가지고 있던 영화 테이프를 모두 거둬들였습니다. 아내 덕분에 우리들까지도 다채로운 영화를 감상할 수 있었습니다.

막스의 위로에는 무언가 남다른 점이 있었습니다. 우리만 그렇게 느끼는 게 아니었습니다. 스코틀랜드에서 온 젊은 친구는 어려운 일이 생길 때마다 막스의 집에 가서 며칠씩 묵곤 했습니다. 지척에 자기 집을 두고 엉뚱한 곳에서 생활하는 데는 그만한 이유가 있었습니다. 거기서 지내기만 해도 막혔던 속이 탁 트인다는 겁니다.

미국에서 온 외과의사, 테드와 제인 부부도 비슷한 이야기를 했습니다. 그들에겐 네팔 말이 빨리 늘지 않는 게 치명적인 스트레스였습니다. 말하는 건 물론이고 알아듣는 일조차 버거웠던 탓입니다. 네팔사람들의 아픔을 치료하러 왔는데 대화조차 제대로 나누기 어려운 형편이 됐으니 얼마나 힘들었겠습니까? 하던 일을 계속해야 할지 당장 돌아가야 할지 심각하게 고민하던 어느 날, 제인은 우연히 막스와 마주쳤습니다. 그의 인사는 여느 때와 똑같았습니다. "좀 어떠세요?" 말은 짧았지만 파장은 컸습니다. 제인의 눈에서 눈물이 쏟아져 내렸습니다. 울음을 수습하는 데까지는 제법 긴 시간이 필요했습니다. 형식적인 인사가 아니라 속을 꿰뚫어보고 상처를 어루만져주는 느낌을 받았다고 했습니다.

영성의 힘, 성실의 힘

이런 힘은 어디서 오는 걸까요? 공부의 힘일까요? 막스는 전공분야 외에도 산부인과와 정신과 훈련을 디플로마까지 모두 마쳤습니다. 몸과 마음을 보살필 이론적인 준비를 단단히 갖춘 셈입니다. 하지만 학문적인 지식만으로 깊은 상처를 치유할 수 있다는 얘긴 들어본 적이 없습니다. 오히려 그가 신학을 공부하고 목사안수까지 받은 성직자라는 데서 실마리를 찾는 게 빠를 겁니다. 하나님의 심정으로 인간을 볼 줄 아는 영성의 소유자였기에 그토록 탁월한 능력을 보일 수 있었던 게 아닌가 싶습니다. 환자를 돌보는 모습이 언뜻언뜻 그리스도의 초상과 오버랩 되는 것도 모두 그 때문인지도 모릅니다.

그래서 막스의 정신과 진료실은 늘 인기가 높았습니다. 정신질환으로 고생하는 네팔인들, 특히 여성들이 무수히 그 방을 거쳐 갔습니다. 직원들 가운데만 하더라도 단골환자가 여럿이었습니다. 한편으로 상담을 받고 마음을 치료하면서 다른 한편으로는 환자를 돌봤던 겁니다. 의사들도 몸이 아프면 막스부터 찾았습니다. 모든 선교사 가정의 주치의 노릇을 했던 셈입니다.

'의사들의 의사답게' 막스는 네팔 의료인들을 훈련시키는 일에 관심과 노력을 쏟았습니다. 탄센병원이 자랑하는 '가정의 양성과정'이 바로 그의 작품입니다. 시골에서 일하는 의사들을 데려다가 수준 높은 훈련을 받게 하는 '지역의사 훈련프로그램'으로 시작했다가 정부의 인정을 받는 트레이닝 기관으로 자리를 잡았습니다.

네팔의 열악한 의료상황을 알리고 후원자들을 끌어들이는 데도 열성적이었습니다. 막스의 노력은 상당한 결실을 맺었습니다. 북아일랜드 공영 텔레비전에서는 헬기까지 동원해서 대대적인 취재활동을 벌였습니다. 전국에 흩어져 있는 선교병원들을 일일이 찾아다니며 네팔의 현실을 화면에 담았습니다. 이렇게 제작된 프로그램은 황금 시간대에 30분씩 10부작으로 방영됐습니다.

결과는 폭발적이었습니다. 아일랜드 각지에서 후원의 손길이 이어졌습니다. 의료용품을 제작하는 회사로부터 무려 2톤이나 되는 기자재를 기증받기도 했습니다. 컨테이너에는 못이라든지 플레이트 같은 정형외과 용품들을 비롯해서 값진 물건들이 수두룩했습니다. 손가락만한 부속 하나에도 수십만 원씩 하는 판이니 그 값어치를 현금으로 따지면 엄청난 액수가 될 겁니다. 아일랜드 의사회에서도 교육용으로 쓰라며 컴퓨터를 잔뜩 보내왔습니다. 신품은 아니었지만 네팔에선 최고급 대우를 받을 만한 물건들이었습니다.

현장을 떠나 고향으로 돌아간 뒤에도 대단히 창의적인 방식으로 후원활동을 폈습니다. 트래킹 팀을 구성해서 70명이나 되는 인원을 이끌고 네팔을 찾아온 적도 있습니다. 참가자들은 일반 여행상품과 똑같은 금액을 지불하고 똑같은 대우를 받습니다. 네팔 사정에 환한 막스는 비용을 획기적으로 줄여서 차액을 병원에 기증했습니다. 멤버들은 같은 돈을 내고 트래킹과 후원이라는 두 마리 토끼를 잡을 수 있었고 병원은 재정적인 도움을 얻었습니다. 누구도 손해 보지 않고 모두 다 즐거운 윈윈(Win-Win) 게임을 만들어낸 겁니다.

항상 정돈되어 있는 우리 집에 비하면 막스네는 '엉망진창'이라고 해도 좋을 만큼 어수선했습니다. 가끔 식사초대를 받아 가면, 주인은 "어서오세요" 대신 "눈 감고 들어오세요"라고 인사하곤 했습니다. 여기저기 늘어놓은 게 많으니 구질구질한 데 눈길 주지 말라는 얘깁니다. 테이블 세팅 따위는 없습니다. 컵에다 숟가락과 포크, 나이프를 잔뜩 꽂아놓고 알아서 뽑아 쓰게 합니다. 그래도 손님이 끊이지 않습니다. 한 끼 밥보다는 따듯한 위로가 절박한 이들이 줄을 잇습니다.

반면에 우리 집에 올 때는 성실한 준비를 잊지 않았습니다. 처음 식사를 같이 하던 날의 놀라움을 잊을 수가 없습니다. 한국에 대해 해박한 지식을 갖추고 있어서 모르는 게 없을 정도였습니다. 서양인들에게 한국이라면 전쟁, 가난, 폐허 따위의 기억이 전부인 경우가 허다한 터라 신기하다는 생각이 들었습니다.

비결은 백과사전과 정성이었습니다. 약속이 잡힌 뒤로 백과사전을 뒤져가며 자료들을 샅샅이 읽고 왔던 겁니다. 한국인에게 초대를 받았으니 그렇게 하는 게 마땅하다는 게 막스의 생각이었습니다.

그날 화요일 오전 일곱 시

막스는 네팔에서 9년을 일하고 영국으로 돌아갔습니다. 다른 선교사들처럼 어느 화요일, 오전 일곱 시에 카트만두로 가는 버크(일주일에 한 번, 월요일에 들어온 버크는 하룻밤을 지내고 화요일 오전에 다시 돌아가곤 했습니다)에 올랐습니다. 탄센을 떠나는 이들에게 이 시간은 대단히 두려운 평가의 순간입니다. 얼마나 일을 잘 했는지, 얼마나 진심으로 네팔 식구들을 섬겼는지, 얼마나 사랑을 베풀었는지 한눈에 드러나기 때문입니다. 성심껏 사랑을 베풀었던 선교사가 가는 길에는 수많은 환송객들이 몰려듭니다.

네팔 식구들의 얼굴이 외국인 동료들보다 훨씬 많이 보이고 그들의 표정에 서린 안타까움이 깊습니다. 반면에 현지인의 얼굴이라고는 전혀 찾아볼 수 없는 경우도 있습니다. 어떤 선교사가 오랜 사역을 마치고 떠나는 날에는 단 한 명의 네팔인도 보이지 않았습니다. 긴 세월을 여기 머물렀지만, 이곳 식구들과 가까워지는 데는 실패했던 모양입니다. 하긴 현지인이라면 누구를 막론하고 집에 들이지 않았으니 어느 결에 사귐을 갖고 관계를 맺을 수 있었겠습니까?

　막스가 떠나던 날, 병원 앞마당에는 수많은 네팔사람들이 자동차를 에워쌌습니다. 의사, 간호사들은 물론이고 청소하는 아주머니, 빨래를 담당하는 인부들도 모두 나왔습니다. 병원과 상관없는 동네 주민들도 몰려들어 이별을 아쉬워했습니다. 연신 눈물을 닦아내며 버크가 뽀얀 먼지를 남기고 완전히 사라지도록 손을 흔들었습니다. 넉넉한 이들이나 가난한 이들까지, 높은 직위에 있는 이들부터 고되고 험한 일을 하는 직원들까지 차별 없이 사랑했던 마크의 9년 세월이 평가받는 순간이었습니다.

나마스떼와 저이머시

네팔사람들 사이에서는 두 손을 모으고 가볍게 머리를 숙이며 "나마스떼!"라고 인사하는 게 일반적이다. "당신의 마음에 있는 신에게 경배를 드립니다"라는 속뜻을 가진 인사말이다. 우리 식으로 말하자면 "안녕하세요" 쯤이 될 것이다. 만날 때와 헤어질 때 같은 말을 사용한다. 드물기는 하지만, 윗사람에게 존경의 뜻을 담아 "나마스까"라는 말을 쓰기도 한다. 크리스천들끼리는 "저이머시"라고 인사한다. 손을 모으고 고개를 숙이는 건 매한가지지만 의미는 천지차이다. 저이는 승리, 머시는 메시야를 뜻한다. "예수님은 우리의 승리가 되십니다"라는 말이다.

_ 〈Knowing About Nepal(FHI 발행)〉

여름, 그 황금기의 기억 ● 133

현장에 도착하자마자 벌어진 갈등.
조급한 마음을 가졌더라면 부드럽게
해결해낼 수 없었을 겁니다.
기도하고 느긋하게 기다렸던 게
특효약이었습니다.

억울한 감정을 다스리는 법

5

현장에서 물러나 고향으로 돌아가는 동료들 가운데 더러는 세계일주를 계획합니다. 여러 나라에서 온 친구들과 어울려 지냈던 터라 코스만 잘 잡으면 생각밖에 적은 비용으로 곳곳을 여행할 수 있습니다. 비행기표만 해결하고 숙소라든지 관광 안내는 과거에 함께 일했던 동료들을 찾아 신세를 지면 된다는 계산입니다. 헤어진 지 오랜 벗들을 만나 회포를 풀고 구경도 할 수 있으니 그야말로 꿩 먹고 알 먹는 격입니다. 우리한테는 멀고 먼 훗날의 얘기지만 꿈인들 못 꿔보겠습니까? 머릿속으로 이리저리 노선을 잡아봅니다.

영국에 가면 로버트와 루스가 살고 스웨덴에 가면 피지와 알리슨이 있고 하지만 여행지도는 그리 길게 이어지지 못합니다. 반갑게 맞아 하룻밤 재워줄 거라는 확신이 2퍼센트쯤 모자라기 때문입니다. 우리야 옛정을 생각해서 재워주고 먹여주는 데 익숙하지만 서구인은 적절한 선을 유지하는 경우가 많습니다. 찾아가면 기꺼이 챙겨줄 거란 생각은 우리만의 착각일수도 있습니다.

서양인들과 동양인들의 사고방식은 많이 다릅니다. 따라서 서구인이 다수인 공동체에서 소수 아시아인으로 산다는 게 그리 쉬운 일만은 아닙니다.

경우에 따라서는 묘한 기류가 감지되기도 합니다. 의식의 차이를 좋고 나쁨의 문제가 아니라 같고 다름의 문제로 바라보지 못하는 이들도 없지 않았습니다. 평소에는 따뜻한 관계가 유지되지만 결정적인 부분에 이르면 엉뚱한 편견을 드러내기도 합니다. 몹시 드물긴 하지만, 우월의식을 노골적으로 드러내서 감정을 상하게 만들기도 합니다. 3년 넘게 일하면서 현지인은 물론이고 아시아인 동료들과도 말을 섞지 않는 이도 보았습니다.

렌스카와의 교제가 불쾌한 기억으로부터 시작됐던 것 역시 그런 기운이 작용했기 때문이지도 모릅니다.

첫 만남은 유쾌하지 않았습니다

렌스카와는 답사 차 내려갔을 때 처음 만났습니다. 당시는 탄센에서 인터서브의 필드리더로 일하고 있었습니다. 사전에 들은 정보로는 우리보다 나이가 조금 많은 미혼여성이고 부탄과 네팔을 두루 다니며 오래도록 일하면서 풍부한 경험을 쌓았다고 했습니다. 네팔 책임자는 현지에 도착하는 대로 렌스카부터 만나보라고 신신당부했습니다. 현장에 잘 적응해서 편안하게 일할 수 있도록 도와줄 인물이라는 겁니다.

'필드리더(field leader)'라는 직함을 '직속상관' 정도로 받아들였던 게 결정적인 실수였을까요? 선배가 후배를 맞아주듯, 고참이 신참을 대하듯 방향을 잡아주고 어려운 상황에 대처할 방도를 함께 모색해줄거라 생각했습니다. 따듯하게 살펴주고 불편한 것이 뭔지 물어줄 거라고 믿었습니다. 그런데 웬걸, 막상 만나보니 찬 바람이 쌩쌩 돌았습니다. 안내는커녕 아는 척조차 하지 않습니다. 게스트하우스에서는 빤히 마주보이는 곳에 앉아 혼자 식사를 하면서도 눈길조차 주지 않았습니다. 워낙 쌀쌀하게 굴어서일까요? 아니면 조금 사시 기운이 있어서였을까요? 똑바로 쳐다봐도 곁눈으로 살피는 듯한 느낌이 들었습니다.

말문을 연 건 도착한 지 이틀이나 지났을 때였습니다. 그나마도 빗겨갈 데도 없는 복도에서 정면으로 마주친 덕분이었습니다. 질문에는 가시가 돋쳐 있었습니다. "나한테 기대하는 게 도대체 뭡니까?" 아쉬운 게 있으면 성의껏 도와주겠다는 얘기가 아니었습니다. 아무것도 해줄 게 없으니 김칫국부터 마시지 말라는 투였습니다. 표정도, 표현도, 음성도 한없이 공격적이었습니다.

 동료이자, 상사이자, 지원자라고 생각했기에 상대의 박절한 태도가 더 차갑게 다가왔습니다. 죽은 줄 알았던 자존심이 기지개를 켜며 되살아나려고 했습니다. 탄센으로 배정되는 과정도 석연치 않은 구석이 많았던 데다가 현지 책임자마저 뜻밖의 반응을 보이자 속에서 울컥 올라오는 게 있었습니다. 렌스카의 말투에선 아시아인에 대한 편견, 심하게 표현하자면 멸시의 냄새까지 났습니다. 함께 있던 아내도 똑같은 느낌을 받았습니다. 당장이라도 자리를 박차고 일어서고 싶었습니다. "댁한테 기대하는 거 없소!"라고 쏘아붙이고 싶은 마음이 굴뚝같았습니다.

 정식으로 부임한 뒤에도 렌스카의 태도는 전혀 달라지지 않았습니다. 첫 만남부터가 뒤틀렸으니 충돌은 예정된 수순이었습니다. 쌓여가던 불만에 불씨를 댕긴 건 냉장고 문제였습니다. 앞에서도 이야기한 바 있지만, 당시에는 선교부가 필요한 가전제품과 가구들을 보유하고 있다가 필요한 이에게 지급해주는 시스템이었습니다. 가족의 규모에 따라 적절한 크기와 용량의 제품들을 내주었습니다. 당연히 냉장고도 같은 원칙에 따라 공급됐습니다.

그런데 수급에 문제가 생겼습니다. 보유하고 있는 냉장고가 다 떨어져서 내줄 게 없었던 겁니다.

얼마 뒤에 담당자에게서 연락이 왔습니다. 우리 가족이 쓸 수 있도록 신품 대용량 냉장고를 구입해서 보냈으니 렌스카에게서 받아다 사용하라는 겁니다. 잘 됐다 싶었습니다. 그렇지 않아도 다른 선교사들이 쓰는 조그만 냉장고를 보면서 한국 음식의 특성상 냉장 보관해야 할 게 많은데 어떻게 하나 걱정을 하던 참이었습니다. 다행히 큰 걸 사 보냈다니 이제 도착하길 기다리기만 하면 될 터였습니다.

부활절 아침, 예배를 마치고 식사하는 자리에서 렌스카를 만났습니다. 반가운 마음에 아내가 물었습니다.

"우리한테 새 냉장고를 준다면서요?"

단 일초의 여유도 없이 대꾸가 돌아왔습니다. "그거야 내 맘이죠."

어라? 일이 이상하게 돌아가고 있었습니다. 본부의 담당자는 분명히 '양 선생 가족'을 위해 새 냉장고를 보낸다고 했습니다. 렌스카는 엄연한 사실을 깡그리 무시하려 들었습니다. 그 한 마디로 관계는 완전히 뒤틀려버렸습니다.

결국 냉장고는 그녀와 가까이 지내던 어느 미혼 선교사에게 돌아갔습니다. 우리에게는 물이 줄줄 새는 고물이 돌아왔습니다. 결국 우리는 그 냉장고의 마지막 사용자가 되었습니다. 감정이 좋을 리가 없습니다.

날마다 냉장고를 끼고 살아야 하는 아내의 입장에서는 나보다 훨씬 속이 상했을 겁니다.

🌱 대면, 분노도 원망도 없이 담담하게

불편한 관계가 형성되고 상한 감정이 뿌리를 내리기 시작하면서 누구보다 고통스러운 건 우리들 자신이었습니다. 마음이 부대껴서 견딜 수가 없었습니다. 생각할수록 괘씸하지만 냉장고 문제로 얼굴을 붉힐 수는 없는 노릇입니다. 서툰 영어로 시시비비를 가린다는 게 만만한 일도 아니고요.

방도는 없고 속에서는 천불이 났습니다. 책임자에게 하소연을 해보기도 하고 마침 탄센을 방문한 카운슬러를 찾아서 상담을 받기도 했습니다. 하지만 그 양반들인들 뭘 어떻게 하겠습니까? 관계 속에서 생긴 일을 가지고 어느 한쪽 편에 서기는 어려웠을 겁니다. 누군가에게 속을 털어놨고 십분 이해해주었다는 데 만족하고 돌아설 밖에요.

남은 방법은 하나뿐이었습니다. 불편한 마음이 생활 전체를 집어삼키도록 내버려둘 수는 없었습니다. 그래서 기도를 시작했습니다.

처음에는 불편한 마음을 스스로 싸안고 끙끙거리는 단계에 머물렀지만, 차츰 하나님께 속을 털어놓게 되었습니다. 조금씩 마음이 가라앉았습니다.

그렇게 며칠이나 지났을까요? 우연히 병원을 찾았던 아내는 복도에서 렌스카와 맞닥뜨렸습니다(왜 만났다 하면 복도냐고요? 서로 마음이 불편하니 아무래도 얼굴 대할 기회를 피했던 까닭이 아니었을까요? 아무튼) 그녀는 아무 일도 없었다는 듯 물었습니다. "잘 지내세요?" 순간, 아내의 입에서 불쑥 냉장고 이야기가 나왔습니다. 목소리를 높였느냐고요? 잘잘못을 따졌느냐고요? 아닙니다. 감정을 섞지 않고 담담하게 사실만 전달했습니다. 원망도 없고 비난도 없었습니다.

렌스카의 얘기는 한결같았습니다. "새 냉장고를 받은 여성은 미혼이지만 당신들보다 여기서 훨씬 오래 일했습니다. 그런데도 여전히 작은 냉장고를 사용하고 있습니다. 나도 그렇고요." 하지만 그 말 역시 앞뒤가 맞지 않았습니다. 가족 숫자에 따라 선교부에 지불하는 냉장고 사용료가 엄연히 달랐습니다. 우리처럼 가정이 있는 이들은 더 많은 비용을 지불하고 거기에 맞는 물건을 받아 사용했습니다. 게다가 구매담당자는 '양 선생용'이라고 분명히 못 박아 말하지 않았던가요?

결론은 없었습니다. 기도한 뒤로도 무엇 하나 달라지지 않았습니다. 적어도 겉으로는 그랬습니다. 렌스카가 자기 입장을 철회하지도 않았고 사과하지도 않았습니다. 그러나 변화는 보이지 않는 곳에서 계속되고 있었습니다. 사실, 분노의 감정 없이 하고 싶은 얘기를 다 할 수 있었다는 사실만으로도 큰 발전이었습니다. 완전히는 아니더라도 감정이 상당 부분 정리됐습니다. 렌스카의 변화는 좀더 극적이었습니다. 이러니저러니 변명하면서도 사리에 맞지 않다는 걸 스스로 인식하게 됐습니다. 가족용 냉장고를 사용하는 비용을 지불하게 하면서 미혼 선교사가 쓰는 작은 냉장고를 사용하게 하는 게 마음에 걸렸을 겁니다.

어떻게 아느냐고요? 자기 냉장고를 교환하면서 우리 것까지 신품으로 바꿔주었거든요.

렌스카가 당신을 선택했습니다

좋든 싫든, 냉장고를 들이고 내보내는 과정에서 접촉이 잦아졌습니다. 그때는 몰랐지만, 하나님의 보이지 않는 손길은 망가진 관계를 회복시키는 절차를 진행시키고 있었습니다. 우리와 렌스카, 양쪽의 마음을 어루만지셨습니다. 비록 속도는 느렸지만 결과는 또렷했습니다.

발전의 조짐이 처음 감지된 건 수련회에서였습니다. 본격적인 행사에 앞서 서로 소개하는 시간이 있었는데 진행자는 독특한 방식을 주문했습니다. 각자 자기 얘기를 하는 대신 둘씩 짝을 지어 서로 상대방을 소개하라는 겁니다. 그런데 렌스카가 아내랑 짝이 되겠다고 나서는 게 아니겠습니까? 아직 서먹한 기운이 다 가시지 않았던 상태라 아내는 다소 당황스러웠을 겁니다. 하지만 상대편에서 손을 내미는 데 옹졸하게 거절할 수 있나요? 짝이 된 두 사람은 자연스럽게 순서를 마쳤습니다. 자리로 돌아온 아내에게 어느 나이 많은 목회자가 한쪽 눈을 찡긋해 보이며 말했습니다. "참 잘했습니다. 두 사람이 한 자리에 섰다는 것 자체가 발전입니다." 틀린 말이 아니었습니다. 그때부터 망가진 관계의 회복 속도가 좀더 빨라지기 시작했으니까 말입니다.

언제부터였을까요? 그녀가 찾아오는 일이 잦아졌습니다. 커피 한 잔을 나누기도 하고 저녁을 먹고 가기도 했습니다. 나중에는 골치만 아프면 자동으로 문을 두드렸습니다. 식탁에 마주앉아 이런저런 얘길 나누다보면 머리가 조금이나마 시원해지는 듯했습니다.

막내를 갖게 되면서 접촉은 더 빈번해졌습니다. 산모가 된 아내로서는 조산간호사의 도움을 받을 수밖에 없었습니다. 마음이 편하고 불편하고는 문제가 되지 않았습니다. 렌스카는 최선을 다했습니다. 임신 중에는 물론이고 출산한 뒤에도 여러 가지 자질구레한 일들을 보아주었습니다. 자신이 받아낸 첫번째 한국아이라며 인모에게 특별한 의미를 부여했습니다.

거꾸로 아내가 도움을 베풀 일도 생겼습니다. 어느 날, 렌스카가 병으로 쓰러졌습니다. 그 척박하다는 부탄에서도 오래 사역했고 네팔에서 산전수전 다 겪으면서도 끄떡없이 견뎌냈는데 덜컥 자리에 눕고 만 겁니다. 증상이 쉬 가라앉지 않자 주치의는 면회를 금지시켰습니다. 하지만 단 한 명의 예외를 허락했습니다. 환자가 꼼짝을 못하는 처지라 늘 드나들며 보살펴줄 봉사자가 필요했기 때문입니다. 마음 편히 생각하고 정서적으로 기댈 수 있는 인물이어야 했습니다. 놀랍게도 렌스카는 인모엄마를 지목했습니다.

그녀의 성향을 잘 알고 있던 담당의사는 대단히 놀라워했습니다. 주치의의 표정은 이렇게 말하고 있었습니다. "서양인들을 다 마다하고 동양인인 당신을 선택했습니다. 그 까다로운 렌스카가 당신을 무척 높이 평가한 모양입니다. 대단한 일입니다."

피할 수 없는 갈등, 어떻게 풀 것인가?

지금은 어떠냐고요? 모든 게 정상이 됐습니다. 특히 아내와는 둘도 없는 친구가 됐습니다. 탄센에서처럼 자주 볼 수는 없습니다. 은퇴해서 고향 네덜란드로 돌아갔거든요. 그래도 메일로, 편지로, 카드로 늘 소식이 오고갑니다. 일년에 한번 정도는 얼굴을 대합니다. 잠깐씩 와서 봉사하다 돌아가곤 하거든요. 그때마다 우리 집에 들러서 이야기꽃을 피우곤 하지요. 이번에 들어가면서도 탄센에 놀러오라고 초대하더군요. 자기 숙소에서 같이 지내자고요.

  냉장고 문제가 생겼을 때 감정을 앞세워 언성을 높였더라면 어떻게 됐을까요? 보이지 않는 손길에 의지하지 않고 마음 내키는 대로 행동했더라면 어떤 결과가 벌어졌을까요?

  정확하게는 알 수 없지만 지금과 같은 관계를 형성하기는 어려웠을 겁니다. 불편한 사건을 통해 우리는 하나님이 망가진 관계를 어떻게 회복시키시는지 배웠습니다. 부대낌을 다스리기 위해 기도했고 상황에 개입하시는 그분의 모습을 목격했습니다. 그날의 경험이 입에는 몹시 썼지만 마음에는 보약이 되었습니다. 비슷한 상황에 맞닥뜨릴 때마다 적용할 수 있는 좋은 지침을 주었기 때문입니다.

"사르파(뱀이다)!" 소리가 들리면 눈치 없는 녀석들이
또 어느 집인가에 들어갔다가 주인식구들을 기겁하게 만든 겁니다. 놈들은 우리집에도 어김없이 찾아왔습니다.

낙원의 불청객

6

눈앞에는 사시장철 멋진 경치가 펼쳐집니다. 사시장철 아름다운 꽃들이 핍니다. 철따라 과일이 맺힙니다. 소박하고 선한 이웃들이 어울려 삽니다. 다들 하나님을 믿고 따르며 서로 돕고 사랑하려고 애씁니다. 전반적으로 따듯하고 푸근합니다.

에덴동산이냐고요? 아닙니다. 탄센 얘깁니다. 진짜와는 비교할 수 없겠지만 그 그림자쯤 되는 공동체가 거기에 있었습니다. 에덴동산 비슷했으면 뱀도 있었느냐고요? 그렇고말고요. 아무리 '짝퉁' 낙원이지만 갖출 건 다 갖춰야죠.

사르파, 대단히 특별했던 생일선물

뱀이 있는 정도가 아니라 많았습니다. 특히 장마철이면 크고 작은 녀석들이 곳곳에 출몰했습니다. 아무래도 습하고 축축한 기운이 활동의지를 자극해서 그런가봅니다. 길가에 웅크리고 있다가 풀을 헤치며 사라지는 꼴이 종종 눈에 들어옵니다. 담장 위를 기어다니기도 하고 벽에서 툭 떨어지기도 합니다. 샤워하러 들어가서 물통을 들어올리면 거기 똬리를 틀고 앉았습니다. "사르파(뱀이다)!"라고 외치는 소리가 들리면 눈치 없는 녀석들이 또 어느 집인가에 들어갔다가 주인 식구들을 기겁하게 만든 겁니다. 한번은 우리 집에도 2미터가 넘는 큼지막한 뱀 한 마리가 들어왔습니다.

아내의 생일이었습니다.

파인애플을 팔러 다니는 네팔 청년이 우리 집 지붕 굴뚝에 뱀 한 마리가 앉아 있다며 연신 손가락질을 해댔습니다. 길고 도톰한 녀석이 굴뚝을 타고 스르르 들어가는 걸 봤다는 겁니다. 우리 집은 언덕배기 나지막한 자리에 있어서 옆길로 지나가다 보면 지붕과 굴뚝이 다 내려다보입니다. 청년도 무심코 그 길을 지나다가 잠입 현장을 목격한 모양입니다. 몇 개월 전부터 생쥐들이 천장 위를 뛰어다니며 시끄럽게 굴더니 결국 뱀을 불러들이고 말았습니다. 네팔사람들은 쥐나 뱀이 들어오지 못하도록 굴뚝 꼭대기에 철망을 씌워놓고 산다는 걸 나중에서야 알았습니다.

뱀이 나타났다는 얘기만으로도 한바탕 난리가 벌어졌습니다. 굴뚝은 페치카로 연결되어 있어서 그리로 들어갔다면 거실로 내려올 공산이 컸습니다. 한국에서 다니러온 조카아이는 벌써부터 한 구석에 바짝 붙어서서 연신 비명을 질러댔습니다. 소문을 듣고 온 동네 아이들이 다 몰려왔습니다. 조용하기만 한 시골마을에 이런 구경거리가 또 어디에 있겠습니까? 곧이어 병원의 관리직원들이 출동했습니다. 뱀은 이미 굴뚝으로 들어갔는지 집안에서도, 바깥에서도 보이지 않았습니다. 불쏘시개를 만들어서 페치카에 불이고 연기를 피웠습니다. 매캐한 연기를 맡으면 알아서 도망가겠지 하는 생각이었습니다. 진모와 파인애플 행상 청년은 부지런히 안팎으로 들락거리며 동정을 살폈습니다. 예상대로라면 뱀은 굴뚝을 기어올라 지붕을 타고 사라져야 했습니다.

하지만 녀석은 엉뚱한 방향을 선택했습니다. 굴뚝을 기어 올라갈 힘이 없었는지 바닥으로 철퍼덕 떨어졌습니다. 그리곤 재빨리 거실의 긴 의자 뒤로 몸을 감췄습니다. 나무상자를 몇 개 이어 붙여 만든 소파 대용품 뒤로 쏙 들어가 버린 겁니다. 이번엔 조카와 함께 아내까지 비명을 이중창으로 질러대기 시작했습니다. 문제를 해결한 건 첫째였습니다. 좁은 틈으로 들어가려는 녀석에게 전광석화처럼 야구 방망이를 휘둘러 두들겨 잡은 겁니다. 가장이 출근하고 없는 집안에서 장남이 제몫을 톡톡히 해냈습니다. 얼마나 세게 휘둘렀던지 야구방망이는 두 동강이가 나버렸습니다. 물론 뱀도 단박에 뻗어버리고 말았습니다.

한바탕 소동은 그걸로 끝이 났습니다. 뒤처리는 뒤늦게 달려온 내 차지입니다. 모처럼 집안에 들어와 잡힌 녀석인데 그냥 버릴 수야 있나요. 우선 기념사진을 찍은 다음 표본을 만들기로 했습니다. 머리를 잡고 쳐들었는데도 땅에 꼬리가 끌렸습니다. 대야에 넣고 잘 손질한 다음 유리병에 넣는 절차가 남았습니다. 축 늘어진 뱀을 보기 좋게 돌돌 말아 넣는 건 생각보다 어려운 일이었습니다. 넣었다 빼기를 몇 차례. 드디어 뱀이 자리를 잡았습니다. 거기에 알코올을 붓고 일단 냉장고 안에 넣었습니다. 아내는 싫은 눈치가 역력했지만 멋진 전리품을 남기려는 아버지와 아들의 고집을 꺾지는 못했습니다.

긴장이 해소되자 비로소 우스갯소리가 오갔습니다. 아랫집에 사는 제인은 아내더러 "오늘 네 생일이니 뱀 케이크를 만들면 되겠다"며 깔깔거렸습니다. 한국에서는 국을 먹는다고 가르쳐주자 천연덕스럽게 받아칩니다. "뱀 스프도 괜찮지." 호랑이는 죽어서 가죽을 남기고 뱀은 죽어서 표본과 농담을 남기는 모양입니다. 마침내 녀석은 책장 위로 올라갔습니다. 거기엔 이미 두꺼비, 도마뱀, 사마귀, 커다란 메뚜기, 신기한 파충류 따위의 쟁쟁한 선배들이 줄지어 기다리고 있었습니다.

징그럽거나 무섭지 않느냐고요? 어떻게 표본 만들 생각을 했느냐고요? 다 보고 배운 가락이 있어서 벌인 일입니다.

🌱 뛰는 뱀 위에 나는 벌크삭이 있다

동네에는 대단한 뱀 박사가 살고 있었습니다. 노르웨이에서 온 소아과 의사 벌크삭입니다. 뱀을 좋아해서 시간 나는 대로 연구하는 전문가였습니다. 고향과 탄센에 각각 2백 마리씩 뱀을 가지고 있을 정도니 그 열정이 얼마나 대단한지 알 수 있습니다. 등산을 갈 때도 늘 뱀 잡는 막대기를 가지고 다닙니다. 눈에 띄기만 하면 잡아서 이리보고 저리보고 독특한 녀석이면 가져다가 표본을 만들었습니다. 어디 뱀뿐이겠습니까? 온갖 파충류가 모두 이 친구의 관심사입니다. 진열장에는 온갖 파충류들이 다 들어 있습니다. 두꺼비, 박쥐, 생쥐부터 구렁이까지 없는 게 없습니다. 뱀 때문에 갖은 고생을 다하면서도 포기할 줄 모릅니다. 태국에서는 비단구렁이를 가지고 나오려다 직원들에게 붙들리기도 했습니다. 신분을 알리고 연구용이란 설명을 구구절절 해주고 나서야 간신히 풀려났습니다. 그런 고역을 치르고도 파충류들을 죄다 긁어모으는 걸 보면 좋아하긴 정말 좋아하나봅니다.

한번은 죽은 뱀을 들고 와서 누가 이 녀석을 이렇게 못살게 해놨는지 모르겠다며 불평을 늘어놓았습니다. 범인은 바로 나였습니다. 병원에서 돌아오는 길이었는데, 무언가 발밑에 물컹하고 밟히는 게 있었습니다. 얼른 물러나서 살펴보니 뱀이었습니다. 놀라기도 했거니와 위험하다는 생각이 들어서 당장 두들겨 잡아서 길가에 던져버렸습니다. 탄센 주민들 가운데 구두를 신는 이는 거의 없었습니다. 십중팔구는 샌들을 걸치고 다녔습니다. 맨발이 다 드러나는 차림으로 뱀을 밟으면 어찌되겠습니까? 그래도 뱀을 사랑하는 벌크삭은 아깝다는 생각이 먼저 들었나봅니다.

덕분에 나도 뱀에 관심을 갖게 됐습니다. 가끔 신기하게 생긴 녀석들을 만나면 잘 챙겨서 표본을 만들고 싶은 마음이 생겼습니다. 사냥해온 뱀들은 적당한 병에 멋지게 감아 넣고 무수 알코올을 채웠습니다. 그리 간단한 일은 아니었습니다. 보기 좋게 집어넣는 일도 노력이 필요했습니다. 살아 있는 녀석을 다룰 때는 물리지 않도록 조심해야 했습니다. 한 손에 고무장갑을 끼고 다른 손에는 작대기 따위를 들고 세심하게 다루어야 했습니다. 표본을 만들던 뱀을 놓쳐서 다시 잡아넣느라 진땀을 빼기도 했습니다. 힘이 다 빠진 녀석이었으니 망정이지 생생한 놈 같았으면 또 한번 큰 소동이 일어날 뻔했습니다.

벌크삭은 네팔사람들에게도 뱀을 보는 대로 가져오라고 부탁해놓았습니다. 희한한 뱀을 가져올 때마다 10-20루피 정도의 돈을 쥐어주었습니다. 소문이란 게 원래 엉뚱하게 번지기 십상이어서, 네팔 사람들의 눈에는 모든 선교사가 뱀을 모으는 줄 알았던 모양입니다. 가끔은 동네 주민들이 뱀을 사라며 찾아오기도 했습니다.

언젠가는 내가 뱀을 잡았다는 소리를 듣고 찾아와서 거래를 제안했습니다. 우리가 가진 뱀이 자기가 찾던 녀석인데, 보존상태까지 좋으니 바꾸자는 겁니다. 이러저러한 뱀 세 마리를 줄 테니 자기에게 넘겨달라고 했습니다. 간곡한 말투로든, 매력적인(?) 조건으로든 벌크삭의 '뱀 사랑'을 여실히 볼 수 있는 장면이었습니다.

아내는 이런 취미를 극도로 혐오했습니다. 가뜩이나 징그러운 물건을 주물럭거리는 것도 마땅치 않은데 유리병에 담긴 뱀이 냉장고에서도 튀어나오고 책장에도 늘어서 있으니 주부로서는 반가울 턱이 없습니다. 하지만 아이들은 무척이나 신기하고 재미있어 했습니다. 꼬맹이들에게 벌크삭은 우상이었습니다.

우리 아이들도 예외가 아니었습니다. 뱀 사냥을 한다면서 너도나도 막대기를 들고 온 동네를 뒤지고 다녔습니다. 자녀들이 총싸움이나 칼싸움을 하며 노는 걸 엄격하게 금지하는 벌크삭도 뱀만큼은 얼마든지 만지고 관찰하도록 내버려두었습니다.

소아과 의사가 뱀을 만지는 뜻은

명색이 의사라는 양반이 어린아이들처럼 뱀을 잡으러 다니는 게 우스운 가요? 거기에는 깊은 뜻이 있습니다. 이처럼 뱀이 많은 만큼 독사에게 물려서 병원을 찾는 환자도 많습니다. 심한 경우에는 병원 문턱을 밟아 보지도 못하고 목숨을 잃고 맙니다. 여인의 피를 더럽게 생각하는 풍습이 여전히 남아 있어서, 외양간에서 아기를 낳다 뱀에게 물려 죽은 산모의 기사가 신문에 실리곤 합니다. 독사의 피해를 줄이고 혹시라도 뱀에 물렸을 때 취해야 할 응급조치를 교육하고 싶지만 방법이 마땅치 않습니다. 글을 모르는 시골 사람들에게 소책자나 팸플릿 따위는 아무 소용이 없습니다.

벌크삭의 표본들은 그런 이들을 교육하는 데 그만입니다. 이게 독 있는 뱀이고 저 놈한테 물리면 걱정 안 해도 되고 하는 걸 한눈에 보여줄 수 있습니다.

탄센에 그만한 전문가가 있다는 건 축복입니다. 무엇보다 네팔을 사랑하고 그곳 사람들에게 가장 필요한 정보를 주려는 뜻을 가졌기 때문입니다. 처음 볼 때부터 눈길을 끄는 친구였습니다. 병원에서 환자들을 보살필 때도 또삐를 벗지 않았습니다. 말짱한 새것도 아니고 다 떨어져 너덜너덜한 모자를 머리에 얹은 서양의사가 네팔친구들에게는 한결

가깝게 느껴졌을 겁니다. 몸짓 하나, 말투 하나까지도 너무 천연덕스럽습니다. 이곳 사람들은 "훈차!"라고 얘기하면서 고개를 묘하게 까닥이는데, 언뜻 보면 머리를 가로젓는 듯해서 긍정의 뜻인지 부정인지 구분하기 어렵습니다.

벌크삭은 흉내 내기 어려운 네팔인 특유의 머릿짓도 영락없이 따라 합니다. 얼마나 오래 살면 저렇게 현지인처럼 될 수 있을까 싶었습니다. 물어봤더니 우리보다 고작 1년 먼저 탄센에 들어왔다는 겁니다. 놀라운 적응력에 혀를 내두를 수밖에 없었습니다.

'뱀 박사'가 그토록 자연스럽게 네팔사회에 녹아들 수 있었던 데는 어려서부터 인디아에서 성장한 경험이 크게 작용했습니다. 그의 아버지는 거기서 40년 일했던 선교사였습니다. 종교부터 생활습관까지 네팔과 비슷한 환경에서 자라고 배웠던 덕분에 문화적인 충격 없이 쉽게 자리를 잡았던 겁니다.

인디아에서 태어나 노르웨이에서 공부하고 일하다가 다시 네팔에 들어온 세계인답게, 벌크삭은 낯가림이 없이 사람을 대했습니다. 참으로 따듯하고 친절해서 누구나 쉽게 다가설 수 있었습니다. 남편을 닮아서 아내도 똑같은 모습이었습니다. 길가다 만나면 어김없이 환하게 웃으며 인사를 건넸습니다. 경계심이나 두려움을 단박에 풀어버릴 만한 미소였습니다. 본인들에게도 영어가 제2외국어여서일까요? 말 하나라도 또박 또박 하려고 노력했고, 글씨도 정자체로 썼습니다.

　네팔에서의 사역을 마치고 고향으로 돌아가기 전, 동료들을 불러 베풀어주었던 잔치도 기억에 남습니다. 이별이 아쉬워서 갔지 식사에 대한 기대는 없었습니다. 서양인들이 부르면 뭐 먹을 게 있나요? 된장찌개에 김치가 제일인데 말입니다. 그런데 이 친구가 연어를 딱 내놓는 게 아니겠습니까?

　그것도 아주 싱싱한 횟감으로 말입니다. 네팔에서는 생선조차 먹어보기 어렵습니다. 내륙 중의 내륙, 그것도 교통이 불편하기 짝이 없는 이곳에서 연어 회는 기적이었습니다. 알고 보니 대학의 은사가 방문하면서 싸온 것이랍니다. 꽁꽁 얼렸다가 신문지에 둘둘 말아가지고 비행기에 자동차를 갈아타가며 그 먼데까지 들고 온 거죠. 제자를 생각해서 까다로운 생선을 가져온 스승이나, 그걸 동료들과 아낌없이 나눠먹는 제자나 참 보기 좋았습니다.

뱀이 많다니까 싫으세요?

선교지에 가보고 싶지만 뱀이니 벌레니 하는 게 무서워서 망설인다는 얘길 가끔 듣습니다. 정말 그러세요? 뭘 그러십니까? 낙원에서 뱀과 사는 게 독사보다 더 무서운 적들이 득실거리는 세상에서 지내는 것보다 낫지 않을까요? 저는 몹시 복잡하고 때로는 잔인한 가상의 정글에서 그토록 멋지게 살고 있는 이들이 존경스럽습니다. 탄센에서 뱀을 상대하는 건 상대적으로 더 쉬운 일이었는지도 모릅니다.

■ **또뻬** – 네팔 남성들이 쓰는 전통적인 모자. 서구적인 복식 문화가 많이 확산된 지금도 나이 지긋한 이들이 또뻬를 쓰고 거리를 활보하는 장면을 쉽게 볼 수 있다. 다카라는 천으로 만든다.

네팔에선 애가 애를 보는 장면을 흔히 볼 수 있습니다.
저 아이가 나무하고, 물 긷고, 아이 보는 가사노동 대신 즐겁게 뛰놀 수 있다면 얼마나 좋을까요?

여름

가난이 죄가 되지 않는 네팔을 위하여

7

제3세계에 나가서 몸과 마음의 병을 앓고 있는 이들을 도와야 한다는 소명의식을 가지고 있으면서도 감히 첫발을 떼지 못하고 갈등했던 데는 깊숙이 감춰둔 이유가 있었습니다. 거기에 가면 칼을 놓아야 할지도 모른다는 걱정이었습니다. 단순한 치료만 하기에도 시간이 모자랄 듯했습니다. 그동안 배우고 익혔던 테크닉은 채 써보지도 못하고 녹슬 거라고 생각했습니다. 수술다운 수술이 일 년에 몇 건이나 되겠나 싶었습니다.

그러나 현장에 투입되고 나서 눈으로 확인한 현실은 상상과 판이하게 달랐습니다. 하나님이 껄껄 웃으며 말씀하시는 것 같았습니다.

"칼을 놓기 싫단 말이지? 알았다. 그럼 실컷 잡아보렴!"

현장에 적응하기도 전에 감당할 수 없을 만큼 많은 수술이 밀려들었습니다. 일반외과는 물론이고 전공을 넘어서는 수술까지 해내야 했습니다. 멀리는 신경외과, 성형외과, 안과, 이비인후과의 영역에도 손을 대야 했습니다. 위험하다고요? 그렇게라도 해결해주지 않으면 손발을 쓰지 못하게 되거나, 눈이 멀거나, 청력을 잃거나, 얼굴이 이지러진 채로 참담한 삶을 살아야 하는 걸 빤히 알기에 어깨너머로 배우고 독학으로 연구해가면서 도움의 손길을 내밀 수밖에 없었습니다.

힘들고 후회스러웠느냐고요? 천만에요. "칼을 놓고 싶지 않았다"는 얘길 잊으셨나요? 운동선수가 경기를 거르면 뛰고 싶어 안달이 나는 것처럼, 며칠 수술대 앞에 서지 못하면 온몸이 근질거립니다. 수술 예약이 밀리면 끔찍하다는 마음이 드는 게 아니라 가슴 깊은 곳에서 벅찬 감동이 솟아납니다. 수많은 적들을 앞에 두고 돌격 채비를 갖추는 장수가 된 기분입니다. 수술은 스트레스가 아니라 도전이고 기쁨입니다. '탁월함'은 아닐지라도 기질적으로 '타고난' 외과의사인가 봅니다.

자, 그럼 이제 환자들 틈으로 저와 함께 들어가 보실까요?

교통사고, 났다 하면 대형 참사

오전 11시쯤, 응급실 당직의사가 와서 마음의 준비를 하라고 일러놓고 돌아갔습니다. 얼마 전에 교통사고가 났다는 전갈이 왔으니 곧 수많은 환자가 실려 올 거라는 통보였습니다. 그러고 채 한 시간이나 지났을까? 대충 마무리하고 어서 나오라는 독촉이 이어졌습니다. 병원장이 직접, 그것도 두 차례씩이나 수술실까지 찾아왔습니다.

서둘러 달려가 보니 응급실은 이미 난장판이 됐습니다. 피투성이 환자들이 발 디딜 틈이 없을 만큼 꽉꽉 들어찼습니다. 부상자들이 질러대는 신음소리가 방안에 가득합니다. 다들 신원확인용 명찰을 손목에 차고 배 위에 병력을 기록한 차트를 얹고 있었습니다. 1차로 부상자 41명이 들어왔고, 수송중인 환자도 10명이 넘는다는 보고였습니다.

외래 진료는 뒤로 미루고 동원 가능한 모든 의사들이 응급환자에 매달렸습니다. 전원이 외과 환자이므로 외과의사가 입원 및 수술 여부를 결정해주어야 합니다. 선임 외과의사로서 내가 교통정리에 나섰습니다. 수술실 두 곳에 의사 한 명씩을 배치하고 뼈가 부러지거나 어긋나고 살이 찢겨진 중상 환자들을 먼저 손보게 했습니다. 이윽고 진료가 시작됩니다. 줄지어 기다리는 환자들을 우선순위에 따라 처리해갑니다. 12시부터 본격적인 처치에 들어갔는데 다섯 시간이 지나서야 겨우 끝이 보입니다.

사고 현장에서 4명이 죽고 병원에 실려 온 뒤에 3명이 또 사망했습니다. 중상자가 23명이나 되므로 사망자는 더 늘어날지도 모릅니다. 병상이 모자라서 병실 복도에 간이침대를 설치하고 환자들을 눕혔습니다. 환자에게는 안쓰러운 일이지만 그것 말고는 달리 방도가 없습니다.

네팔의 도로는 대부분 산비탈을 깎아 만든 좁고 험한 길입니다. 안전을 지켜주는 장치들도 태부족입니다. 가드레일이 전혀 없거나 시원찮아서 핸들을 제때 꺾지 못하면 천길 낭떠러지로 순식간에 굴러 떨어지기 일쑤입니다.

자동차들은 움직이는 것 자체가 기적처럼 보이는 퇴물들입니다. 군데군데 뚫어진 바닥으로는 쌩쌩 지나가는 길바닥이 내려다보입니다. 타이어는 철심이 보일 만큼 닳아빠져서 언제 터질지 모릅니다. 부속이 달아나도 달리는 데 치명적인 지장이 없으면 교체하거나 보충하지 않습니다. 언제 정비를 했는지, 손은 제대로 보았는지 알 길이 없습니다. 손님은 언제나 만원, 아니 초만원입니다. 차 안은 말할 것도 없고 지붕에까지 승객들이 잔뜩 올라탑니다. 사람과 짐, 짐승이 한 차를 이용하니 그럴 수밖에 없습니다.

형편이 이러한데도 기사의 운전은 험악하기 짝이 없습니다. 좁디좁은 비포장도로를 전속력으로 질주합니다. 반대편에서 차량이 나타나도 속도를 줄이지 않습니다. 담력 시험을 하듯 맹렬하게 다가가다 부딪히기 직전에 살짝 피해가거나 길을 내줍니다. 그러고도 사고가 나지 않는다면 그게 도리어 이상할 정돕니다. 이번에도 지나치게 많은 승객과 화물을 실은 버스가 속도를 못 이기고 200미터 아래 골짜기로 굴러 떨어진 사고였습니다.

무엇이 여대생 미나의 미래를 불태웠는가

건기가 시작되고 날씨가 쌀쌀해지면 화상환자들이 폭발적으로 늘어납니다. 네팔의 가옥은 주로 목조여서 화재에 취약합니다. 장작이나 나뭇가지를 때서 밥을 짓고 음식을 만듭니다(석유 버너 정도면 그럭저럭 첨단 설비에 속합니다). 전기 사정이 시원치 않아서 촛불이나 호롱불로 밤을 밝히기 일쑤입니다.

사방에 불씨가 널려 있는 셈입니다. 이제 건조한 공기까지 더해졌으니 불이 날 조건은 완벽하게 갖춰졌습니다.

일단 불이 났다 하면 끌 방도가 없습니다. 나무와 짚을 건축의 주재료로 사용하므로 한번 불이 나면 걷잡을 수 없이 번집니다. 소방 설비는 고사하고 물 한 동이도 구하기 어렵기 때문입니다. 재산이야 그렇다 쳐도 아까운 생명이 속수무책으로 죽고 다칩니다. 일가족이 몰살하는 경우는 드문 일이 아닙니다. 집안에 따듯한 구석이라곤 불을 지피는 부엌뿐이므로 화덕 근처엔 언제나 사람들이 들끓습니다. 화재가 나거나 뜨거운 물이 엎어지는 사고가 생기면 이들이 1차 피해자가 됩니다.

여성들의 옷차림도 피해를 키웁니다. 사리는 치렁치렁 늘어지기 때문에 몸을 까딱 잘못 놀렸다간 밑단에 불이 옮겨 붙기 쉽습니다. 3미터가 넘는 천으로 온몸을 둘둘 감는 스타일이라서 쉽게 벗어던질 수가 없습니다. 아랫도리를 고스란히 다칠 수밖에 없습니다. 엄마 곁에 있던 아이마저 덩달아 피해를 입는 최악의 사태까지 왕왕 벌어집니다.

화상의 또 다른 원인은 자살 기도입니다. 특히 사람 대접을 받지 못하고 고단한 삶을 사는 여성들은 자살을 최후의 탈출구로 삼습니다. 부엌에서 쉽게 구할 수 있는 석유나 휘발유는 그들에게 가장 유혹적인 도구입니다. 기름을 뒤집어쓰고 불을 댕겼다가 처참한 몰골로 실려 오는 여인들을 보면 보는 이들의 마음까지 새카맣게 타들어갑니다.

탄센병원에는 유난히 화상환자가 많았습니다. 12인실에 10명의 화상환자들이 들어오기도 하고 7인실에 여섯 침상을 차지하기도 합니다. 개인적으로 네팔에 들어오기 전까지는 화상환자를 다룬다든지 피부 이식을 해본 적이 많지 않았습니다. 그러나 경험은 중요하지 않았습니다. 날마다 화상환자를 만나고 날마다 피부이식 수술을 해야 했습니다.

탄센병원이 특별히 화상에 전문성을 가져서일까요? 아닙니다. 무슨 일이 있어도 치료가 필요한 환자를 돌려보내지 않는다는 원칙 때문입니다. 사실 화상을 치료하는 데는 의사의 정성스러운 보살핌과 막대한 진료비가 들어갑니다. 가난한 시골사람들로서는 기대할 수 없는 대우고 감당할 수 없는 비용입니다. 선교병원이 아니고는 그런 도움을 받지 못한다는 걸 뻔히 알기에 염치불구하고 찾아오는 겁니다.

하지만 우리가 해줄 수 있는 치료에도 한계가 있습니다. 피부가 녹아서 달라붙은 목이며, 손가락이며, 팔다리들을 회복시키는 재건수술까지 감당하기는 역부족입니다. 그런 일을 할 수 있는 성형외과의사는 대부분 카트만두에 있습니다. 안타까운 사정을 뻔히 알면서도 환자를 내보낼 수밖에 없는 속사정이 거기에 있습니다.

네팔의 의료 현실은 화상환자에게 우호적이지 않습니다. 탄센병원에선 화상환자의 생존 가능성을 가늠할 때 화상을 입은 범위에 나이를 더하는 방법을 씁니다. 예를 들어 50세 환자가 40퍼센트에 화상을 입었다면 사망 확률이 90퍼센트에 이릅니다. 솔직히 고백하자면, 30퍼센트 이상의 화상을 입은 환자가 살아서 돌아간 경우는 거의 없었습니다.

다행히 생명을 건진다 해도 살아갈 앞날이 암담합니다. 남성들은 그래도 좀 낫습니다. 여성들은 생존 자체가 위협을 받습니다. 남편은 심한 상처를 갖게 된 아내를 금방 외면합니다. 심지어 입원만 시키고 영영 모습을 드러내지 않는 일도 다반사입니다. 미혼 여성이라도 처지가 달라지지는 않습니다.

열여덟 꽃다운 나이에 화상을 입은 미나가 그런 경우입니다. 호롱불을 켜놓고 공부하다 잠이 든 게 실수였습니다. 이불로 옮겨 붙은 불길은 곧 얼굴과 상체를 덮쳤습니다. 몇 차례씩 피부 이식을 받았지만 목이 가슴에 붙어서 다시 재건수술이 필요해졌습니다.

마음이 아프지만 다른 병원으로 보낼 수밖에 없습니다. 처녀의 어머니는 혹시 일자리를 좀 줄 수 없겠느냐고 매달립니다. 얼굴은 물론이고 목과 가슴이 심하게 일그러진 딸의 막막한 처지를 알기 때문입니다. 결혼도, 취직도 이젠 불가능합니다. 안타깝지만 어쩌겠습니까? 무기력하게 모녀의 뒷모습을 지켜볼 따름입니다.

아이도, 할머니도, 임산부도 나무 꼭대기로

망고 철이 돌아오면 이번엔 정형외과 병동이 부쩍 붐비기 시작합니다. 대부분 뼈가 부러진 정형외과 환자들입니다. 언젠가는 회진을 하러 들어갔더니 열 살 남짓 된 아이들 여덟 명이 줄줄이 누워 하지견인■을 하고 있었습니다.

짚이는 데가 있어서 물었습니다. "이 중에서 망고 나무에 올라갔다가 떨어진 사람 손 들어봐!" 예상은 적중했습니다. 여덟 명 모두가 부끄럽게 웃으며 손을 듭니다. 모두가 맨손으로 5미터가 넘는 높은 나무를 타다가 떨어져서 대퇴골이 부러진 겁니다. 군것질할 만한 게 드문 네팔 아이들에게 새콤달콤한 망고는 피하기 어려운 유혹이어서 열매가 열릴 무렵이면 적어도 사내아이들은 죄다 나무를 탑니다. 그리고 그 가운데 몇몇은 땅에 떨어져 병원 신세를 지게 되는 겁니다.

물론 아이들만 나무를 타는 건 아닙니다. 한번은 68세 할머니가 골절로 입원을 했습니다. 염소 여물을 만들러 나무에 기어 올라갔다가 떨어졌다는 겁니다. 낮은 데 있는 잎을 따지 극성스럽게 나무는 왜 타느냐고요? 아래쪽의 잎은 이미 염소나 소들이 이미 다 뜯어먹었기 때문에 남아 있는 게 없답니다. 나이 든 몸으로 발목을 덮는 사리를 입고 높은 나무를 기어오르자니 언제나 위험천만이지만 그렇다고 전 재산이라고 할 만한 염소를 굶겨 죽일 수는 없는 일입니다.

임신 8개월이었던 어느 아주머니도 똑같은 이유로 입원했습니다. 마흔 살이 넘은 나이에 아이를 가져 만삭에 가까워졌지만 당장 여물이 없으니 도리가 없었습니다. 산골짜기에서 병원까지 들것에 실려 내려오길 4시간, 그리고 다시 버스를 갈아타고 4시간을 달려왔지만 아기를 건질 수는 없었습니다. 산모 역시 비장이 여러 군데 상해서 응급수술을 해야 했습니다.

그밖에도 산에서 구르고 밭에서 떨어진 환자들로 병원은 문전성시를 이룹니다. 이렇게 골절 환자가 붐비지만 적절한 치료를 받기는 쉽지 않습니다. 산속에 사는 이들로서는 병원까지 내려오는 게 죽을 고생입니다. 정형외과 의사도 드뭅니다. 차일피일 지체하다 보면 부러진 채로 뼈가 굳어 팔다리가 심하게 왜곡됩니다.

아픔이 없는 날들이 앞당겨질 수 있다면

교통사고의 원인은 좁은 길과 낡은 차량, 부족한 안전시설 따위에서 찾을 수 있습니다. 화상환자가 많은 이유로는 가옥의 구조와 낙후된 생활환경 등을 꼽습니다. 팔다리가 부러지는 환자가 많은 까닭은 경사가 험한 지형과 부주의한 행동을 지적할 수 있습니다.

 그러나 이들은 모두 1차적인 요인에 불과합니다. 뿌리를 캐들어 가노라면 결국 가난이라는 문제에 부딪힙니다. 네팔 정부도 문제가 무엇이며 어떤 조처를 해야 하는지 알지만 나라 살림이 넉넉지 않은 터라 그런데 쓸 돈이 없습니다. 가난한 나라, 가난한 백성들의 숙명이 애처로울 따름입니다.

 버스가 계곡으로 굴러 떨어지지 않는 날이 빨리 오면 좋겠습니다. 교통사고 환자가 줄었으면 좋겠습니다. 온몸에 화상을 입은 채로 병원에 실려 오는 환자가 없어졌으면 좋겠습니다. 망고를 노리지 않아도 될 만큼 군것질거리가 많아졌으면 좋겠습니다. 임신 8개월의 산모가 한 손에 낫을 들고 7-8미터의 나무 꼭대기에 기어오르지 않았으면 좋겠습니다.

일반외과 의사들이 골절환자들을 치료하지 않아도 될 정도로 정형외과 의사들의 수가 늘어났으면 좋겠습니다. 그런 날들이 기왕이면 좀 더 빨리 왔으면 좋겠습니다.

■ **하지견인** – 다리에 테이프를 붙이거나, 경골 뼈에 철심을 박아서 추를 달아 당기는 치료법. 아이들의 경우, 수술을 하지 않고 견인만 해도 5-6주 뒤에는 뼈가 붙어 목발에 의지하여 걸을 수 있게 된다.

여름

사랑만이 대안이다

8

한 남자가 일곱 살짜리 아들을 데리고 병원을 찾았습니다. 의자에 앉자마자 고약한 냄새가 훅 끼쳤습니다. 꼬맹이의 발은 벌써 시커멓게 썩어들어가고 있었습니다. 인디아에 품팔이하러 갔다 와보니 이 꼴이더라고 했습니다. 밖에서 놀던 아이가 뱀에 물리면서 이 모든 사단이 시작됐습니다. 독뱀도 아니었으므로 큰 문제는 아니었습니다. 간단히 소독하고 치료했더라면 아무 탈이 없었을 겁니다. 그러나 제대로 처치하지 않은 채 방치해두었던 게 화근이 되었습니다. 감염과 함께 염증이 확산됐습니다. 아이 엄마가 한 일이라곤 남편이 돌아오기를 초조하게 기다린 것뿐입니다.

그러는 새에 한 달이 지났습니다. 마침내 아버지가 도착했을 즈음, 아이의 다리는 이미 되살릴 수 있는 상태가 아니었습니다. 결국 꼬마는 다리 하나를 잃고 말았습니다.

어이가 없는, 그러나 엄연한 현실

한국에서는 일 년에 한 번 보기도 힘든 골수염이 여기서는 흔하디 흔한 질환입니다. 뼛속 골수에 염증이 생긴 환자들이 줄지어 병원을 찾습니다. 적절한 치료를 해서 내보내도 금방 재발이 되어 돌아옵니다. 위생 조건이 나쁘고 지속적인 관리가 되지 않은 탓입니다. 이렇게 병원을 들락거리는 동안 내성이 생겨서 나중엔 강력한 항생제를 써도 염증이 가라앉지 않습니다. 청결하게 관리하고 꾸준히 치료하면 충분히 나을 수 있지만 그 쉬울 것 같은 일을 못해서 다리를 잘라냅니다.

하리 칼라의 경우도 마찬가지입니다. 30대 중반이었던 이 아주머니는 화상을 입고도 한 달이나 지나서야 병원 문을 들어섰습니다. 허벅지 안쪽으로 광범위하게 감염이 진행되어 있었습니다. 본래 그렇게 큰 상처는 아니었는데 즉시 손을 쓰지 않고 방치해둔 탓에 심각한 상태에 이르렀던 겁니다. 게다가 오랜 시간을 움직이지 않고 가만히 누워 있기만 해서 깊고 심한 욕창까지 얻었습니다. 다리는 가늘게 말라서 스스로 서지도 못했습니다. 상황을 딱하게 여긴 동네사람들이 대책을 세워주지 않았더라면 큰일날 뻔했습니다.

하지만 정작 보호자가 되어야 할 남편의 얼굴은 보이지 않았습니다. 인디아에서 일하고 있다는 남편은 아내가 다쳤다는 소식에도 반응이 없습니다. 연락이 닿지 않은 걸까요? 일곱 달 전에 맞아들인 두번째 아내에게는 생활비와 함께 안부편지가 날아오는 걸 보면 관심이 없었다고 보는 편이 더 정확할 겁니다. 열일곱 살짜리 젊은 시앗의 등장과 더불어 하리 아줌마는 모든 걸 다 잃었습니다. 하다못해 집에서 기르던 소까지 빼앗겼습니다. 사랑이 떠나는 순간 생계 대책도 막막해졌습니다. 남은 거라곤 손바닥만한 밭 한 떼기뿐인데 거기서 나오는 소출로 일곱 살부터 3개월짜리까지 세 아이를 먹여 살린다는 건 턱도 없는 얘깁니다. 이 집 저집 전전하며 간신히 목숨을 이어갈 따름입니다.

그런 상황에서 덜컥 화상까지 입었으니 얼마나 난감했을까요? 일단 정부에서 운영하는 가까운 병원에 입원했지만 치료비를 감당할 수 없어 그냥 혼자 퇴원하고 말았습니다. 관계자들은 탄센병원을 소개해주며 가보라고 했습니다. 이웃들은 아줌마를 위해 여비를 추렴해주었습니다. 하지만 그들의 역할은 거기까지입니다. 무거운 들것을 짊어진 채 2시간 걷고 7시간 달려서 병원까지 데려다준 것만으로도 고마운 노릇입니다. 이웃들 역시 빠듯하게 살아가긴 마찬가지기 때문입니다.

처참하다고요? 하리 아줌마는 그나마 나은 편입니다. 치료하면 낫는 상처를 지녔으니까요. 에이즈처럼 까다롭고 위험한 질환에 걸리면 그야말로 대책이 없습니다. 네팔에서는 에이즈 환자를 흔히 볼 수 있습니다. 탄센병원만 하더라도 한 해 동안 50명 이상의 환자들을 찾아내곤 했습니다. 대부분 델리, 칼쿠타, 뭄바이, 마드라스 등지로 품팔이를 나갔던 남성들이나 그 아내들입니다. 에이즈가 널리 퍼져 있는 인디아의 대도시에서 병을 얻어다 고향 식구들에게 전염시키는 겁니다. 행방불명됐던 처녀들이 에이즈에 걸려 돌아오기도 합니다. 인디아와 동남아 지역에 팔려가서 매춘에 동원되는 네팔 여성이 5만 명을 헤아리는 형편입니다.

한번은 열여덟 젊디젊은 여성이 급성 복막염으로 입원했습니다. 당연히 응급수술을 해야 할 형편인데 문제가 생겼습니다. 검사 결과 에이즈 환자라는 게 드러난 탓에 네팔 식구들이 수술실에 들어가길 한사코 마다했기 때문입니다. 과학적으로, 그리고 인간적으로 설득하고 또 설득해서 마침내 수술이 시작됐습니다. 뱃속은 엉망이었습니다. 장티푸스가 심해서 소장이 다 망가진 상태였습니다. 일부를 잘라내고 봉합하는 걸로 마무리했습니다. 그 뒤로 반나절 동안은 수술실을 쓸 수 없었습니다. 쓸고, 닦고, 소독하느라 한바탕 난리가 벌어졌기 때문입니다.

가난하고 기구한 삶을 살았던 환자였습니다. 혈육이라곤 남동생 하나뿐이었습니다. 어려서 부모를 잃고 둘이서 주변의 도움을 받아가며 어렵게 성장했습니다. 열다섯 어린 나이에 델리에서 인력거를 끈다는 인디아 남성과 결혼했습니다. 그리고 3년 만에 병들고 지친 몸으로 돌아왔습니다. 남편이 하도 두들겨패는 바람에 견딜 수가 없었다는 얘기도 있고, 사창가에 팔려가 죽을 고생을 하다 탈출했다는 소문도 있었습니다. 진실은 알 수 없지만 아프고 힘들어서 돌아온 것만큼은 분명해보였습니다.

수술은 잘 됐습니다. 환자도 기력을 찾아가는 듯했습니다. 그러나 수술 부위가 좀처럼 아물지 않고 진물이 흘러나왔습니다. 오래도록 영양상태가 좋지 못한데다가 면역력이 극도로 약화된 탓이었습니다. 재수술까지 했지만 악화되는 병세를 되돌리지 못했습니다. 결국 먼 친척이라는 이가 찾아와 데리고 돌아갔습니다. 살아날 확률은 제로에 가까웠습니다. 또 한 명의 가련한 여인이 그렇게 세상을 등지고 있었습니다.

생명을 갉아먹는 독물, 가난

다리가 썩어가는 아이를 한 달이나 내버려두다니 무식하기 짝이 없다고요? 가진 거라곤 맨손뿐인 아기엄마가 도대체 무얼 어떻게 하겠습니까? 병원까지 갈 여비도 없는 판에 무슨 돈으로 치료비를 대겠습니까? 생활

환경을 깨끗이 하면 병을 줄일 수 있을 텐데 안타깝다고요? 네팔 산골 마을에서 꼭지만 돌리면 물이 콸콸 나오는 수도를 기대하긴 어려운 노릇입니다. 계곡 아래 샘까지 내려가서 동이로 퍼올리는 물로 자주 씻으라고요? 그 귀한 땔감을 써서 물을 덥히란 말인가요? 위생적이지 못한 생활환경이 건강에 나쁘다는 걸 알지만 달리 대책이 없습니다.

그렇다면 어린아이에게서 다리를 빼앗아간 괴물은 무지나 열악한 환경, 영양 부족이 아닐지도 모릅니다. 물론 그런 요인들이 서로 작용해서 끔찍한 결과를 불러온 건 사실입니다. 그러나 뿌리를 조금 더 깊이 파들어 가면 거기엔 '가난'이란 두 글자가 도사리고 있습니다. 골절상을 입은 할머니와 임산부도 마찬가지입니다. 불편한 몸을 이끌고 나무를 기어오르게 만든 건 가난한 살림이었습니다. 열여덟 살, 젊은 여인의 사망 원인은 에이즈로 기록될 겁니다. 그러나 근본적인 요인은 어린 나이에 팔려가듯 낯선 남자와 결혼하게 만든 가난에서 찾아야 할 겁니다. 가난해서 다치고, 가난해서 치료를 받지 못하고, 가난해서 죽습니다.

네팔은 아직 UN이 정한 절대 빈곤선 아래서 생활하는 이들이 전국민의 40퍼센트에 이릅니다. 질병을 기준으로 설명하자면 아무리 중병이 들어도 비용을 지불하고 치료를 받기가 어려운 인구가 절반이나 된다는 뜻입니다. 네팔의 의료제도는 '무상 치료'를 표방하고 있지만 선언적인 의미에 그칠 뿐입니다. 국가는 가난하고 아픈 국민은 많은데 무슨 수로

무상 치료를 실천하겠습니까?

그것이 바로 UMN과 선교병원들이 존재하는 이유이며, 우리 같은 의사들이 이 나라에 사는 이유입니다. 가난은 나라도 구제하지 못한다지만 그렇다고 두 손 놓고 앉아 있을 수는 없지 않겠습니까? 한 나라 백성들을 모두 책임져줄 수는 없지만 최선을 다하면 다만 몇이라도 고통을 줄여줄 수 있지 않을까요? 그리고 누군가 도와야 한다면 상대적으로 넉넉한 나라의 국민, 그 가운데서도 그리스도의 사랑을 기왕에 맛본 이들이 먼저 나서는 게 당연하지 않겠습니까?

현재 탄센병원을 비롯한 선교병원들은 네팔 의료 수요의 25퍼센트를 공급하고 있습니다. "가난한 사람들을 특별히 생각하라"는 그리스도의 말씀을 실천하기 위해 진지하게 노력하고 있습니다. 따라서 넉넉한 환자보다 가난한 환자에게 일차적인 관심이 있습니다. 그렇다고 넉넉한 이들을 일부러 내치지는 않지만 특혜를 주지도 않습니다. 그래서 제법 산다 싶은 이들 가운데는 탄센병원 가까이 살면서도 카트만두에 있는 큰 병원을 찾는 경우가 많습니다. 긴 줄에 끼어 서서 기다리기도 불편하거니와 좋은 시설에서 치료받고 싶어 하기 때문입니다.

그러나 하리 칼라처럼 딱한 처지에 있는 이들에게는 이런 병원이 거의 유일한 생명선이고 대안입니다. 아주머니의 치료비는 모두 병원이 비축해둔 의료기금(Medical Fund)에서 지출됐습니다. 병원에서 의사로 일하는 선교사들이 곳곳에서 받은 후원금들을 한데 모아서 만든 기금입니다. 일차적으로는 가족들이 비용을 책임지도록 권유하고 다음에는 네팔 공동체가 책임을 분담하게 유도하지만, 어느 쪽도 여의치 못한 경우에는 어쩔 수 없이 이 기금을 헐어 사용합니다.

한편으로는 적극적인 치료로 빨리 회복시키도록 노력합니다. 그게 그나마 비용을 줄이고 다른 환자들에게도 기회를 주는 길이기 때문입니다. 하리 칼라 아주머니에게도 의사들이 힘을 모아 단계별로 여러 차례 수술을 진행했습니다. 물리치료사들을 투입해서 굳어진 다리를 풀어주는 한편, 영양 공급에도 힘을 쏟습니다. 변변히 먹지도 못한 채 오랫동안 방치된 데다가 집중적인 관리가 필요한 터라, 날마다 계란과 우유를 먹이도록 처방을 내렸습니다. 에이즈 환자들에 대해서도 똑같은 태도로 임합니다. 아직도 에이즈 환자를 두려워하고 기피하려는 분위기가 남아 있지만 설득을 포기하지 않을 겁니다. 그래야 명실 공히 모든 환자들을 차별 없이 치료한다고 말할 수 있지 않겠습니까?

다각적이고 전방위적인 싸움

가난과의 싸움은 다각적이고 전방위적입니다. 선교병원들은 역량을 확대하려는 노력을 꾸준히 계속하고 있습니다. 탄센병원에서 일하던 미국인 의사 테드는 끈질긴 추진력으로 화상전문 병동을 개설하는 데 성공했습니다. 더 많은 화상환자들을 집중적으로 치료할 수 있는 길이 열린 겁니다. 캐나다에서 온 외과의사 리처드는 전공 분야를 뒤로 미뤄둔 채 재건수술에 매달려서 결국 기술을 터득한 뒤에 가난한 환자들에게 시술하고 있습니다.

네팔에 들어가기 전에는 정형외과 수술에 문외한이던 나 역시 이제는 일가견이 생겼습니다. 13년간 네팔에서 일하면서 골절을 비롯한 정형외과 질환을 치료하다보니 전문의 과정을 마친 네팔의 젊은 의사들에게도 골절 수술을 가르치는 입장이 되었습니다.

미리암 선교사가 벌이고 있는 살부탐빼토▪ 공급사업도 같은 맥락입니다. 영양사로 40년 넘게 네팔에서 일한 이 할머니는 보다 근원적인 차원에서 문제에 접근했습니다. 영양 공급이 원활하지 않은 까닭에 각종 질환에 쉽게 노출되고 병에서 회복되는 속도도 느리다는 점에 착안한 겁니다. 미리암은 주변에서 쉽게 구할 수 있는 곡류와 말린 채소들을 갈아서 일종의 미숫가루인 살부탐빼토를 만들어냈습니다. 온갖 필수요소가 골고루 들어가도록 조절했으므로 가난한 네팔사람들이 영양 균형을 되찾게 하는 데는 그만입니다. 1킬로그램에 우리 돈으로 400원 남짓이니 넉넉지 못한 살림에도 부담스러운 가격은 아닙니다. 물에 타서 먹이기만 하면 되니까 취급하기가 편리합니다.

처음에는 알음알음으로 가까운 데 공급하다가 나중에는 지역마다 보급소를 세울 정도로 발전했습니다. 개인적으로도 공급하고 병원에 납품도 합니다. 선교병원들에서는 필요에 따라 환자들에게 살부탐뻬토 처방을 냅니다. 효과요? 획기적이라고 할 수 있습니다. 특히 영양실조로 삐쩍 말라 죽어가던 아이들에게는 명약이 따로 없었습니다.

칠순이 넘은 나이에도 불구하고 미리암은 아직도 열심히 현장을 누빕니다. 더이상 선교사 비자를 받을 수 없게 되자 박다풀에 있는 음악학교에 학생으로 등록해 공부하며 하던 일을 계속합니다. 미리암은 어째서 아무도 알아주지 않고 힘만 드는 중노동에 그토록 매달리는 걸까요? 모르긴 하지만 "진실로 너희에게 이르노니 너희가 여기 내 형제 중에 지극히 작은 자 하나에게 한 것이 곧 내게 한 것이니라"는 말씀을 마음 깊이 새기고 있기 때문이 아닐까요?

무슨 일을 하든, 네팔의 가난한 영혼을 위해 삶을 드린 이들은 모두 그런 마음일 겁니다. 결국은 사랑만이 유일한 대안이니까요.

■ **살부탐뻬토** – 적응훈련기간 동안 제대로 먹지를 못해서 바짝 말라 죽어가던 아이가 살부탐뻬토를 먹고 건강을 회복하는 장면을 담은 비디오를 본 적이 있었다. 미리암 선교사 앞에서 전통 춤을 추며 뛰노는 꼬마는 삶과 죽음의 경계를 넘어온 승리자의 모습이었다.

네팔의 미신과 속설

네팔에는 다양한 미신과 속설, 금기가 존재한다.
- 검은 고양이가 도로를 건너는 걸 보면 사고가 난다.
- 길을 갈 때 빈 그릇을 보면 하루종일 일이 잘 안 풀린다.
- 깨진 거울로 얼굴을 보면 예쁘고 멋진 남편, 아내를 구할 수 없다.
- 토요일에 먼 길을 떠나면 도중에 어려움을 만난다.
- 암탉이 울면 재수가 없다.
- 손이 간지러우면 돈이 들어오고, 발이 간지러우면 여행을 떠나야 한다.

_ 〈Knowing About Nepal(FHI 발행)〉

가을,
무르익은 열매는
창고에 쌓이고

네팔교회를 지켜보고 있노라면 '추수철'을 맞고 있다는
느낌이 듭니다. 아직도 연약한 부분이 많이 있지만 무르익은
알곡들이 창고에 차곡차곡 쟁여지는 분위기가 여실합니다.
어려운 환경을 이겨내고 그리스도에게 헌신하는 이들이
늘어갑니다. 곳곳에서 극적인 변화의 소식들이 들려옵니다.
가난하고 못 배운 이들이 주류를 차지하고 있던 과거와 달리
차츰 사회 지도층에서도 크리스천들이 포진하기
시작했습니다. UMN에서 500명의 네팔 크리스천들을
대상으로 어떻게 예수를 믿게 되었는지 설문조사를
했습니다. 친구들의 소개를 받은 경우와 가족을 통해 복음을
접한 경우가 각각 40퍼센트 남짓 되었습니다. 선교사를
통해 그리스도를 만난 사례는 단 9퍼센트에 지나지
않았습니다. 오래 전에 실시한 조사니까 지금은 그 비율이
훨씬 줄었을 겁니다. 그만큼 네팔교회의 역할이 컸다는
뜻입니다. 처음에야 서양 선교사들이 주도적으로
일했겠지만 차츰 네팔교회의 비중이 높아졌습니다.
우리들로서는 네팔교회 식구들을 이끌어주었다기보다
나란히 걸었다고 고백하는 편이 더 정직할 겁니다.
네팔식구들이 앞서 뛰고 우리는 도왔습니다. 그러나 역사를
이룬 진정한 주연은 하나님, 그분이셨습니다.

거친 들판에 버려진 들풀처럼
죽어가던 크리슈나는
새로운 생명과 새 가족을 얻고
크리스티나로 거듭났습니다.
마치 우리 영혼의
변화를 보는 것 같았습니다.

가을

크리슈나를 털고 크리스티나로

1

회진을 마치고 소아병동을 나서는데, 복도에 덩그마니 놓인 간이침대가 눈에 띄었습니다. 설핏 봤다간 빈 침대로 오해하기 딱 알맞았습니다. 시트 위에 가볍고 얇은 종이 한 장을 얹어둔 듯한 느낌이었습니다. 문자 그대로 뼈와 살갗만 남은 여자아이였습니다. 여섯 살이라는데 몸무게는 6킬로그램에 불과했습니다. 거미줄처럼 가느다란 몇 가닥 머리칼을 제외하곤 맨머리나 다름없었습니다. 정수리부터 발끝까지 온통 종기투성이였습니다. 차트를 보니 오른쪽 대퇴골이 부러지고 결핵성 골수염이 있었습니다. 미열이 좀처럼 떨어지지 않아서 언제나 착 까부라진 상태로 누워 있었습니다.

입 밖에 내지는 않았지만 '머잖아 죽겠구나' 라는 직감이 들었습니다.

보호자를 찾았지만 나타나지 않았습니다. 역시 짐작했던 대로 입니다. 하루 이틀 걸러 찾아와서 동태를 살피고 가는 친척이 있다는 얘기만 들렸습니다. 어떤 아이일까요? 무슨 가슴 아픈 사연이 있기에 이토록 어린 아이가 혼자 버려진 채 죽음과 사투를 벌이고 있는 걸까요?

여신의 이름에 어린 노예의 역사

크리슈나. 힌두 여신에서 따왔다는 화려한 이름은 참혹한 현실을 비웃는 역설적 표현처럼 들렸습니다. 아이는 티베트 국경 근처, 돌파라는 시골 출신이었습니다. 병원으로부터는 버스로 하루, 걸어서 하루, 도합 이틀이 걸리는 먼 곳입니다. 엄마는 한 살 때 세상을 떠났고 아버지는 인디아로 간다며 고향을 등진 뒤로 아직까지 나타나지 않고 있습니다. 친척들마저 외면하는 바람에 아이는 고아처럼 자랐습니다. 삼촌(말이 그렇다는 거지 피를 나눈 혈육은 아닌듯했습니다)이라는 사람이 거둬서 여섯 살이 될 때까지 키웠습니다. 가난한 집에 더부살이하는 신세는 보나마나 서럽고 고달팠을 겁니다. 하지만 그나마도 아이에겐 행복했던 시간이었습니다.

학교에 들어갈 나이가 되자 부담을 느낀 삼촌은 아이를 외가 쪽 친척에게 보냈습니다. 그리고 몇 달 뒤, 아이는 뼈가 부러지는 중상을 입은 채 외양간에서 발견됐습니다. 제대로 먹지 못해서 검불처럼 바싹 말랐고 오랫동안 씻지 못한 탓에 짐승이나 다름없는 몰골이었습니다. 깜짝 놀란 삼촌이 자초지종을 수소문했지만 사람마다 얘기가 엇갈렸습니다. 배가 고픈 나머지 우유 통에 떠 있는 크림을 걷어먹다가 들켜 쫓겨났다는 소리도 있고, 누군가가 일부러 언덕 아래로 떠밀어 다리가 부러졌다는 소문도 있었습니다.

확실한 건 중상을 입은 아이가 누구의 도움도 받지 못하고 혼자 기어서 외양간으로 들어갔다는 사실뿐이었습니다. 조금만 움직여도 끔찍한 통증이 엄습했지만 상한 몸을 누일 곳이라곤 거기밖에 없었으므로 죽을힘을 다했던 겁니다. 이제 짐승의 우리가 아이의 집이 됐습니다. 돌봐주는 손길 따위는 아예 없었습니다. 가끔씩 밥 한 덩이를 놓고 가는 게 전부였습니다. 수많은 적들과 싸워서 목숨을 지키는 건 온전히 여섯 살짜리 꼬마의 몫으로 돌아왔습니다. 우선 시시각각 온몸을 파고드는 고통을 견뎌내야 했습니다. 상처를 치료한다는 건 꿈조차 꿀 수 없습니다. 밤이면 매서운 바람과 냉기가 옷깃을 파고들었습니다. 며칠이 지나도록 밥 한 술, 물 한 모금 얻어먹지 못하기 일쑤였습니다. 아이에게 삶은 축복이 아니라 저주였습니다.

병원에 들어올 때부터 크리슈나는 거의 죽게 된 상태였습니다. 삼촌은 단 한 푼의 치료비도 내놓을 수 없다고 했습니다. 마을 사람들이 2만 원 남짓한 돈을 거둬줬는데 그마저도 여비로 다 써버렸다는 겁니다. 병원직원들은 그 얘길 곧이곧대로 믿지 않았습니다. 이리저리 말이 엇갈리는 게 수상쩍은 구석이 많았기 때문입니다. 하긴, 환자를 데려다놓기가 무섭게 종적을 감춰버린 것만 봐도 신뢰할 만한 인물은 아니었습니다. 하지만 개인적으로는 죽어가는 아이를 병원까지 데려와주었다는 사실 하나만 가지고도 높이 평가해주고 싶었습니다. 덕분에 치료라도 받을 수 있게 되었으니까요.

회생 가능성은 높아 보이지 않았지만, 일단 최선을 다해 치료를 시작했습니다. 보호자가 없으므로 모든 치료와 간호는 병원의 책임이 됐습니다. 사회사업과 직원들과 간호사들이 번갈아 드나들며 아이를 살폈습니다. 무엇보다도 골절이 심각했습니다. 부러진 자리가 한두 군데가 아니었습니다. 합병증도 만만치 않았습니다. 결국 결핵, 골수염, 골절 견인치료를 동시에 진행하기로 결정했습니다.

한편으로는 영양가 많은 음식들을 먹이도록 했습니다. 처방전에다 '하루에 고기 두 번, 우유 두 번, 계란 한 개' 식으로 구체적인 식단을 적어 내려 보냈습니다. 그리고 회진을 돌 때마다 어떤 음식을 먹었는지 점검해서 이행 여부를 철저하게 점검했습니다. 무슨 그런 처방전이 다 있느냐고요? 한국이라면 몰라도 네팔에선 꼭 필요한 조처입니다. 크리슈나처럼 체력이 바닥에 떨어진 환자들에겐 영양공급이 투약만큼 중요하거든요. 치료비가 없는 환자에게도 주저 없이 이런 처방을 낼 수 있다는 사실에 짜릿한 쾌감을 느끼곤 합니다. 제대로 치료하고 있다는 의사로서의 성취감에 마음이 뿌듯합니다.

  치료 과정은 길고도 지루했습니다. 입원한 지 한 달 정도 됐을 무렵, 새로운 골절부위가 나타났습니다. 입원당시에는 드러나지 않았던 자리였습니다. 수술을 해서 바로잡았지만 얼마 가지 않아 다시 어긋나고 말았습니다. 열어보니 딱딱해야 할 관절 소켓이 스펀지처럼 물렁물렁하게 변형되어 있었습니다. 부러지고 나서 너무 오래도록 방치해둔 탓에 대퇴골의 머리 쪽이 퇴화된 탓이었습니다.

  어느 정도 회복돼가던 오른쪽 대퇴부에도 말썽이 생겼습니다. 골수염 때문에 뼈가 또 망가진 겁니다. 지겨운 견인치료가 되풀이됐습니다. 이번에는 두어 달이나 걸리는 장기치료였습니다. 결과는 성공적이었습니다. 다리를 절게 됐지만 스스로 일어나 제 발로 걸을 수 있게 됐습니다. 완치가 아닌데 무슨 성공이냐고요? 입원할 때의 형편을 몰라서 하시는 말씀입니다. 이만하면 백점은 아니어도 90점은 훨씬 넘습니다. 금방이라도 숨이 넘어갈 것 같던 아이가 이제 펄쩍펄쩍 뛰어다니게 됐으니 말입니다. 전반적인 건강 상태도 좋아졌습니다. 점점 기력이 붙고 살이 오르고 체중이 늘었습니다. 듬성듬성하고 색이 없던 머리카락도 굵기가 굵어지면서 한 올 한 올 새로 나기 시작했습니다. 골절됐던 부위들이 모두 자리를 잡았습니다.

처참했던 아이가 회복되어가는 과정은 병원 식구들 사이에서 단연 화제가 되었습니다. 크리슈나는 의사들과 간호사들의 사랑과 관심을 한 몸에 받는 스타가 되었습니다. 누구나 따듯한 마음과 눈길로 아이를 지켜봐주었습니다. 재활기구를 제작하는 담당자는 온갖 정성을 기울여 아이에게 꼭 맞는 보조기를 만들어 선물했습니다.

돌아갈 곳이 없다, 돌려보낼 수도 없다

일차적인 치료가 거의 다 마무리 되어갈 무렵, 삼촌이라는 사람이 다시 나타났습니다. 모든 치료비를 공짜로 해준다면 아이를 데려가고 싶다는 얘기를 태연스럽게 늘어놓았습니다. 소식을 전해들은 병원 직원들은 몹시 못마땅해 했습니다. 요구대로 아이를 딸려 보내면 필경 죽을 때까지 노예처럼 혹사당할 거라며 손사래를 쳤습니다. 여자들이 대우받지 못하는 거야 네팔 전국이 마찬가지지만, 특히 크리슈나가 온 돌파라는 지역은 연고 없는 여자들을 종처럼 부리기로 유명한 동네라는 겁니다. 사회사업과 담당자도 자선단체와 연결해서 입양을 추진하는 게 바람직하다는 의견을 내놓았습니다.

그렇다면 삼촌에게 넘겨주는 건 대안이 될 수 없었습니다. 죽을 고비를 넘기고 살아난 아이를 다시 똑같은 구렁텅이에 밀어 넣는다는 건 일종의 '유기행위'였습니다. 관심을 가지고 지켜보던 선교사들과 사회사업과 직원들이 함께 의논한 결과, 어렵기는 하지만 입양을 시키는 게 좋겠다는 쪽으로 의견이 모아졌습니다. 그게 불가능하면 제3의 양육기관을 찾아보기로 했습니다.

방향은 잡혔지만 다음 과정이 걱정이었습니다. 절차부터가 만만치 않았습니다. 입양을 하자면 먼저 아이에게 연고가 없다는 증명이 필요했습니다. 신문에 두어 번 광고를 해서 친인척이 있으면 데려가도록 알린 다음, 그래도 후견인이 나타나지 않으면 지방자치단체 책임자가 "이 아이는 연고자가 없다"는 서류를 발급해줍니다. 입양은 그 다음에나 추진이 가능합니다.

양부모를 찾는 일도 어렵기는 매한가지입니다. 과연 누가 선뜻 크리슈나에게 손을 내밀까요? 네팔 가정 가운데 적절한 대상자를 찾는 건 거의 불가능해보였습니다. 결국은 선교사 가운데서 뜻을 가진 이가 나서야 하지 않을까요?

길이 멀기는 했지만 작업을 시작했습니다. 광고도 내고 어렵사리 증명도 손에 넣었습니다. 동시에 입양을 원하는 가정을 찾기 시작했고 보육시설도 접촉해보았습니다. 우리 역시 진지하게 입양을 고려했습니다. 아내는 몰라도 나는 자신이 없었습니다. 한국 고아원에 보내는 방법도 생각해보았습니다. 그러자면 더 복잡한 단계들을 통과해야 했습니다.

우리는 크리슈나의 장래에 끝까지 관여할 수 없었습니다. 차일피일 미루며 고민하는 사이에 우리의 임지가 카트만두로 바뀌었기 때문입니다. 탄센에서는 더이상 아이들을 가르칠 수가 없어서 자리를 옮기기로 한 겁니다.

초등학교 과정은 선교사들끼리 서로 홈 스쿨링 방식으로 해결한다 해도 중학교 과정부터는 속수무책, 처리할 길이 막막했습니다. 카트만두의 기숙학교로 유학을 보내는 방법이 있지만, 정신없이 바쁜 일정을 소화해가며 일 년에 8번씩 열한 시간 거리를 오가며 아이들을 돌본다는 건 힘에 부치는 일이었습니다.

꿈만 같은 탄센 생활을 정리하고 이사하는 작업에 시달리다보니 자연히 크리슈나 건은 뒤로 밀려나고 말았습니다.

그런데 해결책은 카트만두에서 나왔습니다. 진즉부터 수도로 무대를 옮겨서 활동하고 있던 로버트와 루스가 크리슈나를 딸로 맞아들이기로 한 겁니다. 두 친구가 어떤 인물인지는 앞에서 얘기했으므로 다시 거론하지 않겠습니다. 가장 가깝고도 존경스러운 친구의 가정에서 크리슈나를 맡기로 했다는 건 말할 수 없이 반가운 소식이었습니다.

부부에게는 이미 세 자녀가 있었습니다. 혹시 반대하는 아이는 없었을까요? 다행스럽게도 동생을 새로 맞아들이는 안건은 만장일치로 가족회의를 통과했습니다. 그리고 온 식구가 탄센으로 내려가 크리슈나를 데리고 올라왔습니다.

크리슈나에게는 크리스티나라는 새로운 이름이 생겼습니다. 힌두교 여신의 이름을 버리고 크리스천의 이름을 갖게 되었습니다. 그뿐이 아닙니다. 신분에도 극적인 변화가 일어났습니다. 노예처럼 살게 될 운명에서 한 가정의 소중한 막내가 된 겁니다. 예수님과 만나는 순간 내게 일어났던 신분의 변화가 떠오르는 장면이었습니다.

입양이 결정된 뒤에도 크리슈나, 이제 크리스티나는 당분간 병상을 벗어날 수 없었습니다. 뼈가 튼튼하지 못한 크리스티나는 다시 오른쪽 대퇴골이 부러져서 한 달 넘도록 침대에 누워 견인치료를 받아야 했습니다.

골수염도 몇 차례나 재발해서 항생제를 투여했습니다. 새 부모들은 영국으로 데려가 치료해주고 싶어 했지만 아직 입양절차를 밟고 있는 중이어서 당장은 어쩔 수가 없습니다. 안타까운 마음에 부부는 어긋난 엉덩이뼈 사진을 컴퓨터로 촬영해서 캐나다로, 영국으로 보내어 전문의의 자문을 구했습니다.

크리슈나에서 크리스티나로

병원의 역할은 크리스티나에게 다시 걸을 수 있는 능력을 회복시키는 데까지였습니다. 완전히 정상을 되찾지는 못했지만 자전거를 타고 수영을 할 정도로는 자유스러워졌으니 나름대로 제몫을 다했다고 볼 수 있습니다.

하지만 갖은 학대 속에 성장하면서 아이가 입었을 정서적인 상처까지는 도와줄 수가 없었습니다. 로버트와 루스 가족은 이 문제를 단번에, 그리고 완벽하게 해결해냈습니다. 부부는 달구지처럼 생긴 유모차를 제작해서 크리스티나를 태우고 다녔습니다. 내외뿐만 아니라 두 자녀, 수니타와 롭슨 역시 새로 얻은 동생을 무척 아꼈습니다.

크리스티나는 똑똑해서 무얼 가르쳐도 잘 알아듣고 열심히 따라했습니다. 누가 보아도 행복한 가족이었습니다. 중국계 영국인인 로버트가 가무잡잡한 피부를 가진 덕에 얼굴마저 닮아 보였습니다. 적어도 겉으로는 너무나도 행복해보였습니다.

속은 어땠을까요? 혹시 동정심에 사로잡힌 두 사람이 희생 정신만으로 아이를 받아들인 건 아닐까요?

그런 얘긴 아예 꺼내지도 마십시오. 천부당만부당한 가정이니까요. 제법 시간이 흐른 뒤, 로버트는 고백했습니다. 네팔에 와서 경험한 두

가지 기념비적인 사건이 있었는데, 하나는 치아건강 프로그램을 개발해서 보급한 일이고, 다른 하나는 크리스티나를 얻은 일이라고 했습니다. 딸 얘기를 하는 아버지의 눈에는 아이를 향한 사랑과 장래에 대한 기대감이 가득했습니다.

네팔 크리스천 의사들의 리더 역할을 하는 인드라에게는 무수한 유혹이 따라다닙니다. 그에게 지금 필요한 건 기도의 수액인지도 모릅니다.

인드라가 유혹을 견딜 수 있을까요?

2

탄센에서 열린 기독의사회 수련회에 참석하고 돌아왔습니다. 그렇게 조그만 행사까지 챙길 게 뭐 있냐고요? 네팔기독의사회 회장님, 인드라가 주관하는 행사인데 모른 척 할 수 가 있어야지요. 가서 자리도 채워주고 강의도 한두 개쯤 맡아주고 하는 게 도리일 겁니다. 이번엔 크리스천 의대생, 주니어 의사들이 서른 명쯤 모였습니다. 규모는 작아도 수준은 최고였습니다. 인디아에서 온 목회자가 주 강사를 맡았는데 통찰력이 대단하더군요. 그만한 강의는 아마 한국에서도 듣기 어려울 겁니다. 가까운 나라 인디아에 성숙한 크리스천이 많다는 건 네팔 식구들에게도 큰 축복입니다.

회장님의 사모님, 주알라와도 오랜만에 만났습니다. 세상에나, 사람이 이렇게 달라질 수가 있나요? 옛날엔 여럿이 어울리는 자리에서도 그저 뚱하고 앉았기만 하더니, 이참엔 분주하게 돌아다니며 참석자들의 뒷수발을 도맡아 하더군요. 통 붙임성이라곤 없던 친구가 아내와 아이들 안부를 물으며 자꾸 말을 시키는 것도 신기했습니다. 가만히 보니까 어린 수련의들의 상담역도 썩 잘 해내고 있는 듯 했습니다. 살은 쏙 빠져서 날씬해졌고 눈에는 생기가 돌았습니다. 누가 저 친구를 보고 애를 둘씩 낳은 아줌마라고 하겠습니까? 얼마나 대견하고 예쁘던지 등이라도 토닥여주고 싶었습니다.

인드라와 주알라가 도대체 누구기에 분가시킨 자식 내외 얘기하듯 하냐고요? 말하자면 깁니다. 한번 들어보시렵니까?

누가 뭐래도 나는 죽지 않을 것

회장님이니, 사모님이니 하니까 나이 지긋한 부부를 생각할지 모르지만 사실은 30대 중반쯤 되는 젊은이들입니다. 인드라는 탄센병원의 외과 과장인 동시에, 기독의사회를 맡아 꾸준히 성장시키고 있는 회장이며, 교회에선 기둥 같은 장로입니다. 얼마 전, 예배당을 새로 세우는 데도 크게 힘을 보탰다고 들었습니다. 네팔에서 신앙적으로, 사회적으로, 가정적으로 이처럼 탄탄한 크리스천을 만나는 건 흔한 일이 아닙니다.

그러나 정확히 20년 전엔 상황이 달랐습니다. 1989년, 인드라는 죽음을 눈앞에 둔 가엾은 젊은이에 지나지 않았습니다. 카트만두에서 이틀 길 떨어진 시골에서 보건진료원*으로 일하던 시절, 생각지도 못했던 불행이 그를 덮쳤습니다. 피부병을 고쳐볼 요량으로 먹은 약이 큰 탈을 낸 겁니다. 열이 한없이 치솟고 먹는 대로 다 토해냈습니다. 약물중독성 간염에 걸렸던 게 아닐까 싶습니다.

병원에 실려 온 뒤로 얼마간 가라앉는 듯하던 증상은 둘째 주에 들어서면서 급속도로 나빠졌습니다. 황달 기운이 나타나고 의식마저 오락가락했습니다. 간성혼수가 온 겁니다. 의사는 사형선고를 내렸습니다. 생존 확률이 채 1퍼센트도 안 된다는 겁니다.

산 듯 죽은 듯 최후의 순간을 기다리고 있던 어느 날, 병실로 같은 기관에서 일하던 의사가 찾아왔습니다. 의료 혜택을 받기 어려운 시골마다 보건진료소를 세우는 프로젝트를 추진하던 그레이엄 투힐이라는 호주 선교사였습니다. 앞날이 구만리 같은 청년이 생사의 기로를 헤맨다는 소식이 그의 마음을 움직였습니다. 그러나 안타까움만 가득할 뿐, 해줄 수 있는 일은 아무것도 없습니다. 묵묵히 지켜보다가 머리에 손을 얹고 기도해주는 게 전부입니다.

그런데 남들 눈에는 무기력하고 무의미한 몸짓처럼 보였던 그 기도가 기적을 일으켰습니다. 자리에 누워 있던 청년은 누워서 누군가 자기를 위해 기도하는 걸 느꼈습니다. 구체적으로 무슨 소릴 하는지 알아듣지는 못했지만 그 간절함 만큼은 생생하게 감지할 수 있었습니다. 젊은이의 내면에서 꺼져가던 생명의 불씨가 다시 되살아나기 시작했습니다. 캄캄하던 마음이 조금씩 환해졌습니다. 인드라의 말을 빌자면, '누가 뭐래도 나는 죽지 않을 것'이란 확신이 들었습니다. 환자의 머리에 손을 얹고 기도하는 순간까지도 투힐 선생은 그 단순한 행동이 어떤 결과를 가져올지 몰랐을 겁니다. 한 젊은이만이 아니라 그를 통해 목숨을 건지게 될 수많은 이들의 생명까지 한꺼번에 살리고 있다고는 꿈에도 생각지 못했을 게 분명합니다.

한 달 뒤, 청년은 병원 문을 나섰습니다. 병상에서 일어나는 대로 예수를 믿겠다는 결심을 당장 실천하지는 못했습니다. 하지만 죽음의 문턱에서 들었던 기도만큼은 마음 깊이 잘 간직해두었습니다. 다섯 달에 걸쳐 몸을 추스른 그는 이제 꿈을 실현하기 위한 대장정에 나섰습니다. 인드라의 소원은 의사, 그것도 정형외과나 외과의사가 되는 것이었습니다. 기회는 예상보다 빨리 왔습니다. 국비 유학생으로 러시아에 가서 공부할 수 있는 티켓이 손에 들어온 겁니다. 마침내 인드라는 상트페테르부르크로 떠났습니다. 전답을 다 팔아 마련한, 그러나 실제로는 몇 푼 안 되는 돈이 유학자금의 전부였습니다.

수많은 실패, 더 많은 도전

인드라가 다시 고향 땅을 밟기까지는 6년이란 세월이 걸렸습니다. 간성혼수로 죽어가던 보건진료원은 그 사이에 의사가 되었습니다. 다른 병원을 찾아볼 수도 있었지만 그는 탄센병원에서 인턴과정을 밟기로 했습니다. 건강해지면 주님을 찾겠다던 해묵은 약속을 지킬 때가 됐다고 생각했던 모양입니다. 마침 내가 외과과장을 맡고 있었던 터라, 인드라는 내 밑에서 훈련을 받게 됐습니다.

여러 가지 면에서 비범한 청년이었습니다. 일단 신앙생활을 시작한 뒤로는 서슴없이 자신을 크리스천으로 소개했습니다. 주일예배는 물론이고 구역모임에도 꼬박꼬박 참석했습니다. 인드라는 하루가 다르게 성장했습니다. 아침마다 모이는 직원 기도회에서 대표로 기도하는 일이 잦아졌습니다. 세례를 받고 몇 개월이 지나고부터는 교회에서 성경을 가르치기 시작했습니다. 과속이라고요? 글조차 읽지 못하는 교인이 태반이라는 점을 감안하면 네팔교회에는 다른 기준을 적용하는 게 타당할 겁니다. 성경을 읽고 이해할 수만 있어도 미흡하나마 교사의 요건을 갖춘 것으로 봐줘야 하지 않을까요?

아내와 나는 인드라 부부가 크리스천으로 굳게 서도록 돕고 싶었습니다. 한참 성장하고 있는 이 친구들이 말씀을 더 깊이 이해하고 그 메시지를 삶에 적용할 수 있다면 얼마나 좋겠습니까? 그래서 일주일에 한 번씩 두 사람을 초대해서 성경을 공부하기로 했습니다. 아이들을 재우고 저녁 여덟 시에 모여 두 시간 정도 누가복음을 읽고 나누었습니다. 여건이 좋지는 않았습니다. 아직 레지던트 신분이었던 인드라는 시간을 빼기가 만만치 않아서 허겁지겁 달려오기 일쑤였습니다. 주알라 역시 갓난아기를 키우는 처지라 성경공부에 전념하기 어려울 때가 많았습니다. 그럼에도 불구하고 이 모임은 두 사람에게 좋은 경험이 되었습니다. 성경에서 진리를 찾아내는 눈이 조금씩 뜨이고 생활 중에 실천하려는 의지도 커졌습니다. 나중에는 다른 수련의들 가운데서도 모임에 참석하는 이들이 생겼습니다.

성숙한 크리스천이 되는 과정을 밟아가는 한편으로, 꿈을 실현하기 위한 행진도 꾸준히 진행했습니다. 앞서 말한 것처럼 인드라는 외과 또는 정형외과를 전공하고 싶어 했습니다. 탄센병원에서 4년 정도 훈련을 받은 뒤부터는 더욱 적극적으로 진로를 모색하기 시작했습니다. 인디아에 있는 벨로어 의과대학■을 1차 목표로 잡았지만 현실은 녹녹치 않았습니다. UMN의 간곡한 추천과 후원에도 불구하고 40대 1이라는 경쟁률 앞에 고배를 들고 말았습니다. 하긴, 서남아시아권에서 둘째가라면 서러울 명문의 문을 한 걸음에 돌파하려고 했으니, 기대가 너무 과했는지도 모릅니다.

다음엔 국내로 눈을 돌려 국립의과대학의 외과 수련과정에 원서를 냈습니다. 성적은 우수했습니다. 네팔 전체에서 몰려든 인재들과 경쟁해서 35등을 했다는 건 대단한 일입니다. 그러나 뜻을 이루기엔 모자라는 점수였습니다. 원하는 전공과정에 들어가려면 적어도 10등은 해야 했습니다. 상대적으로 높은 수입이 보장되는 외과와 정형외과에는 그만큼 많은 지원자가 몰리기 때문입니다.

회장님, 우리들의 회장님

인드라의 도전이 허망하게 끝나는구나 싶은 생각이 들 때쯤, 그에게 다시 좁다란 탈출구가 열렸습니다. 희소식은 엉뚱하게도 러시아에서 날아왔습니다. 유학 시절에 만난 은사가 우연히 포카라로 놀러왔다가 사정을 듣고 자리를 약속한 겁니다. 산 하나를 넘었으니 이제 다음 고개를 지나야 했습니다. 학비와 공부하는 동안 쓸 생활비가 문제였습니다. 1년에 적어도 850만 원은 필요했습니다.

웬만한 네팔사람들로서는 만져보기도 힘든 거금이었습니다. 게다가 한두 해에 끝날 일도 아니었습니다. 그쯤에서 포기하는 게 순리처럼 보였습니다. 뾰족한 수가 없으니 말입니다.

그러나 인간에겐 방도가 없을지라도 하나님은 늘 대책을 가지고 계셨습니다. 이번엔 탄센병원 식구들의 마음을 움직이셨습니다. 우선 외과의사끼리 후원금을 모으기로 했습니다. 우리도 선교비에서 백만 원 정도를 떼어 보태기로 했습니다. 병원과 선교부에서도 일부를 지원하겠다고 나섰습니다. 이렇게 여럿이 힘을 합쳤지만 외형적으로는 병원에서 뒷받침하는 걸로 했습니다. 공부할 비용을 대주는 대신 돌아오면 적어도 3년은 탄센병원에서 일하기로 약정하는 방식이었습니다.

의사들과 병원의 출혈이 심했을 거라고요? 꼭 그렇지는 않습니다. 장사로 치자면 서로 밑질게 없는 거래입니다. 네팔에서 외과나 정형외과 의사의 중요성은 이루 말할 수 없을 정도입니다. 탄센병원만 하더라도 차고 넘치는 게 골절 환자입니다. 하지만 시골에선 그 분야의 의사를 구할 길이 없습니다. 인기가 하늘을 찌르는 터라 죄다 카트만두에 자리를 잡는 탓입니다. 한달 생활비로 한 가정에 100만원 남짓을 받는 선교사들이 일년에 수백만 원을 모으는 게 쉬웠다면 거짓말이겠지요. 하지만 인드라가 수련과정을 마치고 돌아왔을 때 거두게 될 달콤한 열매를 생각하면 그까짓 수고가 뭐 대단하겠습니까?

투자는 대성공이었습니다. 전문의가 되어 돌아온 인드라는 탄센병원 정형외과의 기둥이 되었습니다. 낙후된 지역에 사는 수많은 환자들이 그의 손끝에서 건강을 되찾았습니다. 가난한 시골 환자들로서는 고통을 참아가며 대도시까지 나가는 고생을 면하는 것만으로도 감지덕지였습니다.

인드라는 네팔 크리스천 의사들의 힘을 한데 모으는 일에도 발 벗고 나섰습니다. 러시아에서 유학하는 동안 세계기독의사회(ICMDA:International Christian Medical Dental Association) 모임에 참가했던 경험이 새로운 차원의 운동에 눈뜨는 계기가 되었습니다. 당시 ICMDA는 대만에서 총회를 열면서 네팔 의사 셋을 옵서버 자격으로 초청했습니다. 모든 비용은 주최 측에서 부담하는 조건이었습니다. 러시아에 있던 인드라도 초청장을 받았습니다. 집회는 인상적이었습니다. 비전을 나누고 전략을 세우는 과정 하나하나가 모두 도전이고 자극이었습니다. 현장에 있던 세 명의 의사는 많은 이야기를 나눴습니다. 그리고 대회가 끝났을 즈음엔 네팔에도 반드시 이런 모임이 있어야 한다는 데 뜻을 같이 했습니다.

그날의 각오를 잊지 않았던 인드라는 전문의 과정을 마치고 귀국하기가 무섭게 기독의사회를 결성하기 위한 작업에 착수했습니다. 우리가 두번째 안식년을 마치고 돌아왔을 때는 이미 조직이 완성되고 안정화 작업이 한창인 상태였습니다. 1년에 두 번씩 꼬박꼬박 수련회를 열고 마음과 뜻을 모았습니다. 그때마다 인디아와 네팔에서 훌륭한 강사들을 모셔다가 풍성한 영혼의 잔치를 베풀었습니다. 처음에는 회장을 맡은 인드라 혼자서 이리 뛰고 저리 뛰어야 했지만, 이제는 제법 조직적으로 움직일 만큼 힘이 생겼습니다. 멋지지 않습니까?

🌱 네팔에서 태어나 네팔로 파송된 선교사

올 1월로 3년의 약정기간은 끝났습니다. 인드라는 약속을 성실하게 이행했습니다. 비슷한 경로로 유학을 갔다 와서는 지원받았던 돈을 팽개치듯 내려놓고 냉큼 떠나는 경우가 허다하다는 점을 생각하면 참으로 고마운 일입니다. 인드라 자신에게도 기회가 있었습니다. 최근에는 미국에서 열린 권위 있는 학회에 참석해서 자신이 쓴 논문을 발표했습니다. 네팔 의사로서는 드물게 보는 일이어서 성가가 한층 높아졌습니다. 그동안 유혹의 손길을 뻗치는 병원이 한두 군데가 아니었습니다. 가까운 곳에 세워진 신설 병원에서는 지금의 두 배가 넘는 연봉에다 사택과 승용차를 조건으로 제시했습니다. 카트만두 대학병원에서도 연락이 왔습니다.

결국 인드라는 탄센을 떠나기로 결정했습니다. 올 3월부터 카트만두 근교에 있는 나환자 병원으로 자리를 옮기게 되었습니다. 서운하냐고요? 여태 버텨준 데 대한 고마움이 더 크다고 얘기하는 편이 옳을 겁니다. 다행히 인드라가 떠난 자리에 벨로어 의과대학에서 정형외과 수련을 마친 닥터 디팍이 오게 되었습니다. 그렇지 않았더라면 탄센병원은 또 한바탕 몸살을 앓아야 했을 겁니다. 환자들은 무리를 해서 대도시로 나가거나 아예 치료를 포기했을지도 모릅니다. 의사가 없으니 어쩔 수 없는 노릇입니다. 그런 최악의 사태가 벌어지지 않게 됐으니 참으로 고마운 일입니다.

하지만 어디 인드라뿐이겠습니까? 선교병원에서 어렵게 일하고 있는 의사들은 모두 비슷한 유혹을 받고 있습니다. 얄팍한 월급봉투로 그들의 마음을 언제까지 붙들 수 있을까요? 이제 새로운 환경에서 일하게 된 인드라는 하늘나라를 향한 소망과 인간에 대한 사랑을 한결같이 유지할 수 있을까요? 잘 모르겠습니다. 한치 앞을 알지 못하는 주제에 무얼 장담하겠습니까? 다만 자신을 '네팔에서 태어나 네팔에서 자라서 네팔로 파송된 선교사'라고 생각하는 인드라의 순수한 마음에 기대를 걸 따름입니다. 그리고 네팔의 가난한 영혼들을 향한 하나님의 사랑을 신뢰할 뿐입니다.

■ **보건진료원** – UMN 프로젝트 가운데 하나인 공중보건 프로그램의 직원. 진료원 가운데는 의과대학을 거쳐 의료인으로 성장한 이들이 적지 않다.
■ **벨로어 의과대학** – 인디아 벨로어에 선교사들이 세운 병원. 명성이 높아서 인디아는 물론이고 같은 문화권에 있는 각국으로부터 수많은 인재들이 몰려든다.

밝게 웃는 킴의 모습입니다. 보이지 않는 하나님의 손길은
킴의 얼굴에서 그늘을 걷어갔습니다. 웃음을 되찾은 이는 킴 하나뿐이 아닙니다.

킴의 변신은 끝나지 않았다

3

 막내가 방과 후 활동으로 축구하는 걸 봐주러 학교에 갔습니다. 아침부터 엄마아빠가 보러 올 거냐고 계속 묻는 바람에 차마 외면할 수가 없었습니다. 오늘은 인모가 제일 좋아하는 큰형까지 집에 왔으니 오래 갈고 닦은 실력을 제대로 보여주고 싶었을 겁니다.

 운동장에 도착했을 때는 이미 꼬마선수들의 시합이 한창이었습니다. 얼마나 쉴 새 없이 뛰어다니던지 열성 하나만큼은 프로선수 못지않았습니다. 하지만 축구란 게 어디 열심만으로 되는 운동이어야 말이지요. 선수가 공을 차는 건지 공이 선수를 데리고 다니는 건지 모를 공방전이 끝없이 이어졌습니다. 후반전이 시작될 즈음엔 구경꾼들의 응원소리도 한풀 꺾였습니다. 여전히 열기가 식지 않은 곳은 운동장 안쪽뿐이었습니다. 슬쩍 한눈을 팔려는데 교무실 쪽에서 낯익은 얼굴 하나가 걸어 나왔습니다. 학교 살림을 책임지고 있는 킴 칸다르였습니다.

보는 것만으로도 기분이 좋아지는 친구였습니다. 머그잔을 들고 커피를 마시러 나오는 품새가 영화배우처럼 근사했습니다. 가무잡잡한 피부에 희고 고른 치아를 가졌습니다. 마침 앞 건물 너머로 저물어가는 저녁 햇살이 조명처럼 그의 얼굴에 떨어졌습니다. 그쪽에서도 우리를 발견하고 환하게 웃었습니다. 눈가에 부드러운 주름이 잡혔습니다. 여느 때와 똑같은 미소지만 볼 때마다 새삼스럽게 감동적입니다. 그렇게 웃을 수 있게 되기까지 얼마나 긴 세월이 필요했는지, 그런 미소의 근원이 어디인지 잘 알기 때문입니다.

킴의 얼굴에 짙게 드리운 그늘

지난 십여 년 동안 킴에게서 가장 크게 달라진 부분을 찾으라면 단연 표정을 꼽을 겁니다. 처음 만났을 때의 낯빛이 네팔의 7-8월 우기였다면, 지금은 11월 화창한 가을날에 가깝습니다. 요즘처럼 밝고 부드러운 미소는 웬만해선 볼 수 없는 천연기념물이었습니다.

킴은 우리에게 언어를 가르치는 선생님이었습니다. 적응훈련을 하는 기간 동안 네팔 말을 배웠지만 그쯤으로는 성이 차지 않아서 탄센에 부임한 뒤로도 가정교사를 두고 공부를 계속했습니다. 수업은 그럭저럭 만족스러웠습니다. 나름대로 충실히 준비해서 열심히 가르쳤습니다. 한 가지 아쉬운 게 있다면 나이에 어울리지 않게 늘 어두운 표정을 짓고 있다는 점이었습니다. 대학원에서 석사과정을 밟고 있을 만큼 똑똑한데다가 준수한 외모를 가진 젊은이가 어째서 그토록 수심에 차서 지내는지 궁금했습니다.

수수께끼는 금방 풀렸습니다. 언어수업이 뭐 별 것 있나요? 다양한 주제로 대화하면서 중요한 표현들을 익혀가는 거지요. 서로 시시콜콜 이런저런 이야기를 하다 보니 집안사정까지 나누게 됐습니다. 킴의 얼굴에 서린 근심의 근원은 하나뿐인 형이었습니다. 어려서부터 당뇨를 앓았는데 최근 들어 증세가 부쩍 심해진 모양입니다. 합병증까지 생겨서 기동하기조차 힘겨워하는 지경에 이르렀습니다. 킴은 아픈 형을 대신해서 집안의 기둥노릇을 하고 있었습니다. 가난한 집 자식들이 다 그렇듯, 어서 자리를 잡고 집안을 일으켜야겠다는 생각이 그를 강박했습니다. 암울한 집안 분위기에다 정신적인 압박감까지, 웃고 싶어도 웃을 일이 없었습니다.

사정을 알았으니 가만히 있을 수가 있나요? 적절한 날을 잡아 문병을 다니기 시작했습니다. 의사로서 또 선교사로서 스러져가는 젊은이의 몸과 마음을 모두 보살펴주고 싶었습니다. 킴에 대한 우정의 표현이기도 했고, 죽어가는 영혼에 대한 관심이기도 했습니다.

형은 조그만 방에 홀로 누워 지내고 있었습니다. 빛이 잘 들지 않아 컴컴하고 축축한 느낌이 났습니다. 거기가 스스로 인슐린 주사를 놓아가며 생명을 연장해가며 지키고 있는 형의 세계였습니다. 우리는 함께 앉아 여러 가지 이야기를 나누었습니다. 무료할 때 읽으라고 전도지나 간단한 소책자 따위를 전해주기도 했습니다. 그걸 읽고 새 길을 찾는다면 얼마나 좋을까요?

한 번, 두 번 찾아가는 횟수가 늘어나면서 가족들과도 낯을 익혔습니다. 갈 때마다 조금씩 선물을 챙겨갔습니다. 대단한 건 아니었습니다. 옛날 우리 어른들이 설탕 한 봉지, 계란 한 줄을 싸들고 선생님을 만나러 가듯 오렌지 주스 한 병, 과일 조금을 사들고 다녔습니다. 식구들은 무척 고마워했습니다. 대단찮은 선물이 아니라 그 안에 담긴 마음을 보고 반가워했습니다. 특히 킴의 어머니는 아내와 인모를 무척이나 예뻐했습니다.

하지만 형에게 빛을 전해주려는 뜻은 물거품이 되고 말았습니다. 낯을 익힌 지 채 3년이 되기도 전에 그는 세상을 떠났습니다. 오랜 투병으로 약해진 몸은 심해진 당뇨합병증들을 이겨내지 못했습니다. 나중에 들은 얘기지만, 마지막 순간을 얼마 앞두고 세례를 받고 싶다는 뜻을 밝했습니다. 그리스도를 주님으로 받아들이려는 의지를 내보인 겁니다. 그런 마음을 단호히 무지른 건 킴이었습니다. 여태까지 독실한 힌두교 신자로 살아왔는데 살날이 얼마 남지 않은 판에 개종이 무슨 말이냐 싶었을 겁니다. 동생의 뜻을 알기에 형도 더는 고집을 부리지 않았습니다.

장사는 정통 힌두교식으로 치러졌습니다. 상주가 된 킴은 머리를 빡빡 민 다음 가부좌를 틀고 앉아 고인을 애도했습니다. 생쌀을 씹으며 소금을 멀리했습니다. 정결한 몸을 더럽히지 않도록 일체의 대인접촉을 피했습니다.

장례는 깊은 슬픔과 아울러 적잖은 부담을 남겼습니다. 예식을 집전하는 사제에게 들어가는 돈만 해도 한두 푼이 아니었습니다. 신부가 신랑에게 해주듯 옷이며 구두까지 의복 일습을 맞춰주어야 했습니다. 혼수를 챙기듯 이불이며 침대며, 하다못해 쌀까지 요구하는 대로 다 바치자면 빚이라도 낼 수밖에 없었습니다. 킴 자신도 그런 의식들에 무슨 의미가 있는지 알 수 없었지만 해오던 식대로 할 수밖에 없다고 했습니다.

돌 같은 마음을 녹여낸 뜨거운 손

형은 떠났지만 킴의 얼굴에 드리운 수심은 가시지 않았습니다. 진리의

밝은 빛이 마음에 스며들지 않는 한 영원히 가시지 않을 짙은 그늘이었습니다. 어두운 그림자만 걷어내면 보석 같이 빛날 텐데, 이만저만 아쉬운 게 아니었습니다. 아내와 내 눈에만 그런 게 아니었습니다. 누가 보기에도 킴은 흙 속에 묻힌 진주였습니다. 그러나 진가를 발휘하려면 먼저 진흙을 털어내고 잘 다듬을 필요가 있었습니다.

킴에게서 언어를 배우는 UMN 선교사들은 다들 그 총명함과 성실성에 감탄했습니다. 암울한 처지를 동정하고 재주를 아까워했습니다. 아끼는 충정도 큰 만큼 돕고 싶어 하는 마음도 깊었습니다. 킴에게 언어를 배우는 이들이 너나없이 기독교 서적을 언어학습 교재로 사용한 데도 그런 뜻이 담겨 있었습니다. 가르치는 과정에서 자연스럽게 복음의 메시지를 접하게 하려는 배려였던 겁니다. 제인 선교사는 공부하러 만날 때마다 성경을 한 장씩 읽어 내려갔습니다. 잉거스 선교사는 성경공부 교재 번역하는 일을 도와달라고 요청했습니다. 창세기부터 계시록까지 성경 전체를 관통하는 책자를 네팔어로 펴내면서 킴을 역자 겸 보조자로 채용한 겁니다. 루스는 다르질링에서 온 전도사가 개최한 전도 집회에 초대했습니다. 그밖에도 구역모임에 참석하라든지 예배를 드리자는 초청이 끊이지 않았습니다. 킴으로서는 자의 반 타의 반, 기독교의 본질과 구원의 진리에 대해 충분히 듣고 공부한 셈이 됐습니다.

그럼에도 불구하고 킴의 마음은 돌아서지 않았습니다. 관심은 많았지만 집안의 종교, 어머니의 신앙을 버릴 수가 없었습니다. 왠지 개종하는 순간 정신적인 뿌리가 잘려나갈 것 같아 두려웠습니다. 그래서 크리스천들이 모이는 자리에 갈 때마다 스스로 되뇌었습니다. '난 절대로 예수를 믿지 않을 거야.'

아내와 나는 크리스천으로 변해가는 킴의 변화 과정을 끝까지 지켜보지 못했습니다. 안식년을 맞아 네팔을 떠나 있었기 때문입니다. 중간 과정을 직접 목격하지 못했던 탓일까요? 네팔로 복귀해서 만난 킴의 모습은 입이 다물어지지 않을 만큼 놀라웠습니다. 그야말로 환골탈태, 그는 전혀 딴 사람이 되어 있었습니다. 콘크리트처럼 단단해보이던 마음은 완전히 녹아서 비단결처럼 부드러워졌습니다. 회의적이고 냉소적인 청년은 간데없고 열정적이며 적극적인 젊은이가 나타났습니다.

킴을 바꿔놓은 건 누구였을까요? 적어도 우리 부부는 아니었습니다. 그럼 잉거스일까요? 제인이나 루스일까요? 모두들 힘을 보탠 건 사실이지만 그들의 노력이 결정타는 아니었을 겁니다. 보이지 않는 손길이 정확한 타이밍에 킴이 쌓아놓은 마음의 벽을 무너뜨리지 않았더라면, 지금까지도 어두운 표정으로 카트만두 거리를 헤매는 불우한 젊은이에 지나지 않았을 겁니다.

변화된 킴에게 지금껏 쌓아온 성경 지식은 훌륭한 자산 구실을 했습니다. 그동안 공부했던 말씀은 기독교에 대한 죽은 정보가 아니라 하나님에 대한 살아 있는 지식이 되었습니다. 아는 만큼 빨리 성장했고, 감동을 받는 만큼 깊이 성숙했습니다. 말 한 마디, 몸가짐 하나에서도 그리스도의 향기가 났습니다. 흔히 보듯 흉내만 내는 '무늬만' 크리스천이 아니라 안팎으로 완전히 변한 그리스도인이었습니다.

✢ 하늘에서 보내온 선물 보따리

삶이 바뀌면서 생활도 달라졌습니다. 선교부에서는 탄센에 있던 킴을 카트만두로 불러올렸습니다. 네팔어를 가르칠 유능한 강사가 절실하던 시기였습니다. 얼마 뒤에는 UMN 창립 50주년 행사를 기획하고 추진하는 일을 맡았습니다. 대단히 중요한 대행사였지만 킴은 탁월한 역량을 발휘해서 매끄럽게 치러냈습니다. 조직에서부터 프로그램 구성, 강사 섭외, 행사 진행에 이르기까지 구석구석 킴의 손이 닿지 않은 부분이 없었습니다. 거시적으로는 선교부의 탄생을 축하하는 모임이었지만, 킴을 중심으로 보자면 네팔 기독교 공동체에 공식적으로 존재를 알리는 자리이기도 했습니다.

    행사가 끝나자마자 선교사 자녀학교에서 킴을 행정 책임자로 발탁했습니다. 기념 행사에서 보여준 능력을 높이 산 겁니다. 학교 측에서 제시한 연봉은 파탄병원 의사들보다도 높은 수준이었습니다. 생활이 안정되면서 어여쁜 신부도 얻었습니다. 대대로 예수를 믿는 가문의 처녀였습니다. 신부의 할아버지가 세운 교회는 네팔인의 손으로 건립한 최초의 교회였습니다. 소식을 듣고 얼마나 기쁘던지, 손뼉이라도 치고 싶었습니다. 아직 그리스도인이 된 지 얼마 되지 않는 킴에게는 기독교 신앙의 뿌리가 튼튼한 집안에서 성장한 규수가 꼭 필요했습니다. 혹시 신앙적인 암초를 만나서 주저앉더라도 다른 한쪽에서 잘 붙들어 줄 수 있기 때문입니다. 킴 역시 자신과 똑같은 열정을 가진 배필을 맞게 해달라고 꾸준히 기도해왔노라고 했습니다. 생각할수록 기특했습니다.

결혼식은 성대했습니다. 하객의 절반은 외국인이었으니 네팔에서도 드물게 보는 잔치였을 겁니다. 심지어 현장에서 물러나 본국으로 돌아갔던 선교사 가운데서도 축하해주러 날아온 이가 있을 정도였습니다.

킴의 활동 범위는 나날이 넓어졌습니다. 학교, 교회, 선교부 등에서 전방위적인 활약을 펼쳤습니다. 외국인들과 두루 사귈 기회가 늘어나면서 세계 곳곳에서 초대를 받았습니다. 은퇴해서 고향에 머물고 있던 잉거스 선교사도 킴을 불렀습니다. 두 사람이 재회하는 자리에는 낯선 손님들도 함께 참석했습니다. 지난날 잉거스의 부탁으로 킴을 위해 기도했던 후원자들이 기도의 열매를 눈으로 확인하러 한 자리에 모인 겁니다. 자기 한 사람을 살리려고 지구 반대편에서 이토록 많은 이들이 간절히 기도해왔다는 사실에 킴은 충격을 받았습니다. 할머니 한 분이 다가와 감격에 겨워하는 킴을 꼭 껴안아주었습니다.

그러나 감격이 짙을수록 회한도 깊었습니다. 예수를 믿고 싶다던 형의 간절한 바람을 뿌리쳤던 사실이 뼈아픈 자책으로 다가왔습니다. 미안하고 또 미안했습니다. 형이 남몰래 주님을 영접했을지도 모르지만 이제는 확인할 도리가 없었습니다. 킴은 형에게 진 빚을 다른 가족들에게 갚으려고 최선을 다했습니다. 덕분에 친누나는 물론이고 시골에서 올라와 잠시 머물며 공부를 하고 있는 친척 누이까지도 주님을 만났습니다. 집안의 신앙을 팽개쳤다며 동생을 미워하던 누나들이 지금은 교회 활동에 앞장 설 만큼 달라졌습니다.

❖ 도움닫기, 더 멀리 도약하기 위하여

킴은 브라만 계층에 속하는 집안 출신입니다. 카스트의 여운이 아직 가시지 않은 네팔 사회에서 이건 특권에 해당합니다. 게다가 석사학위를 가졌고, 외국인과 자유롭게 의사소통할 수 있으며, 신앙이 확실합니다. 지금도 대단히 훌륭한 인재임에 틀림없습니다. 하지만 킴의 성장을 흐뭇하게 바라보면서도 욕심을 버릴 수가 없습니다. 어디든지 외국에 나가서 경영학이나 교육학을 공부하고 돌아오면 좋겠습니다. 네팔교회가 가난하고 못 배운 이들의 집단이 아니라는 걸 확연히 보여줄 수 있는 인재로 성장하면 좋겠습니다. 언젠가 네팔의 엘리트층을 파고드는 역할을 멋지게 감당해주면 좋겠습니다.

 그러나 아직은 때가 아닌듯 합니다. 한국에 갈 때마다 몇몇 대학 관계자들을 만나봤습니다만, 아직 신통한 대답을 듣지 못했습니다. 아쉽지만 실망스럽지는 않습니다. 돌처럼 단단하던 킴의 마음을 녹여낸 그 손길이 앞으로 그의 삶 위에 무슨 역사를 어떻게 써나갈지 짐작할 수 없기 때문입니다.

누가 시켜서가 아니었습니다. 마음에 담긴 보물을 나눠주고 싶은 뜨거운 열망이 찬드라를 이 마을에서 저 마을로 인도했습니다.

가을

찬드라, 복음 들고 산을 넘는 전도자

4

 네팔 청년 하나가 병원 복도에 섰다가 반갑게 인사를 했습니다. 환자를 살피러 병실에 들어가는 걸 보고 여태 거기 서서 기다린 눈치였습니다. 시골 총각 같은 수더분한 생김새며 선한 말투까지 다 익숙한데 누군지 금방 알아보지 못했습니다. 상대편에서 이름을 밝히지 않았더라면 한참을 더 끙끙거릴 뻔했습니다. 찬드라였습니다. 전보다 몸이 야위고 볼이 쏙 들어가서 몰라봤던 겁니다. 할머니의 병문안을 왔다가 인사나 하러 들렀노라고 했습니다.

 찬드라는 굴미 군이라는 깡 시골에 삽니다. 시골 탄센에서도 깊은 산골짜기쯤으로 생각하는 구석 중의 구석입니다. 지금은 도로가 나서 두 시간 반이면 닿는다지만 당시만 해도 버스로 다섯 시간을 가야 했습니다. 거기서 카트만두에 나온다는 게 쉬운 일이 아니지만 처가 나들이를 겸해서 어렵게 나선 길이었습니다. 아직 근무 중이라서 저녁 때 집에서 만나 긴 애기를 하기로 하고 일단 헤어졌습니다.

순회전도자 찬드라

찬드라는 가가호호 전도단(Nepal Every Home Concern)에서 활동하는 복음 전도자입니다. 이 단체는 말 그대로 집집마다 돌아다니며 복음을 전하는 일을 하는데, 네팔의 모든 가정에 복음의 메시지를 전해주는 게 목표입니다. 말씀을 듣고 더 깊은 관심을 보이는 이들에게는 통신으로 양육합니다. 98년에 이미 전국 75개 군 전도를 완료했고 다시 2차 전도를 진행 중입니다. 누가 세웠느냐고요? 서양 선교사들이 세운 단체냐는 말씀이죠? 아닙니다. 순수하게 네팔 크리스천들의 손으로 세워지고 운영되는 단체입니다. 네팔 크리스천들이 스스로 전도자가 되어 방방곡곡을 누비고 있다니, 생각만 해도 멋지지 않습니까?

찬드라는 전도단의 굴미 군 책임자 입니다. 거기서 나고 자랐으니 그만큼 지역을 꿰뚫고 있는 인물은 다시없을 겁니다. 둘도 없는 적임자인 셈입니다. 지역 책임자는 복음을 전하는 건 물론이고 이미 크리스천이 된 이들을 격려하고 세우는 역할도 감당합니다. 일종의 순회목회자인 셈입니다. 직접 돌보는 가정교회(상가띠)만 해도 열두 군데가 넘습니다. 한 교회에서 다음 교회로 쉬지 않고 여행하며 예배를 인도하고 식구들을 돕습니다. 교회들이 한 동네에 붙어 있는 것도 아닙니다. 가장 가까운 교회도 다섯 시간이나 떨어진 곳에 있습니다. 가장 먼데는 꼬박 이틀을 걸어가야 합니다. 그러자니 얇은 옷을 입고 한뎃잠을 자기 일쑤입니다. 찬드라의 표현을 빌자면 '비만 가릴 수 있어도' 감사한 일입니다.

찬드라와 동료들이 그렇게 애쓴 보람이 있어서 굴미 군에는 100가정, 400명 정도의 크리스천들이 생겼습니다(우리가 탄센을 떠나기 전까지의 상황입니다. 지금은 훨씬 더 늘었을 겁니다). 이전까지는 선교사의 손길이 닿아본 적이 없었습니다. 순수하게 네팔 전도자들의 손으로 개척한 지역인 셈입니다.

당신이시면 바른 길을 가르쳐주십시오

열정적인 찬드라도 처음부터 뜨거웠던 건 아닙니다. 열여섯 살까지는 예수라는 이름은 들어보지도 못했습니다. 집안 환경은 말할 수 없이 암담했습니다. 어머니는 심한 정신질환을 앓고 있었습니다. 정신을 놓으면 무슨 일을 벌일지 예측할 수 없을 만큼 상태가 심각해서 아예 쇠사슬로 묶어놓곤 했습니다. 한창 민감한 시기의 학생에게 그런 환경은 말할 수 없는 고통이었습니다.

얼마 뒤에는 우편집배원으로 일하던 아버지마저 심한 천식으로 탄센 병원에 입원했습니다. 달리 병 수발할 가족이 없었으므로, 찬드라가 아버지의 보호자로 병원 근처에 머물게 됐습니다. 어머니에 아버지까지, 어린 아들에게는 그때가 평생에 걸쳐 가장 어두운 시절이었습니다. 그렇게 참담한 심정으로 지내던 어느 날, 몸을 씻으러 가까운 공동수돗가에 내려갔다가 처음 보는 또래 아이와 말을 트게 됐습니다. 다른 지방에서 일하는 목회자의 아들이라면서 희한한 얘기를 했습니다. 하나님의 아들 예수 그리스도가 인간의 몸을 입고 오셔서 우리 죄를 위해 대신 죽었다는 내용이었습니다. 그분을 마음에 받아들이면 영원한 생명을 얻고 행복한 삶을 살게 될 거라고 했습니다.

난생 처음 들어보는 소리였지만 이상하게도 마음에, 귓가에 그 말들이 떠나지 않았습니다. 신기한 마음에 찬드라는 사회사업과 직원을 붙잡고 혹시 그 얘기를 알고 있으면 더 자세히 들려달라고 부탁했습니다. 사회사업과장을 맡고 있던 마누밋 자매가 아이를 상대했습니다. 자세하게 복음을 소개하고 지속적으로 각별한 관심을 쏟았습니다. 집에 불러서 밥을 먹여가며 많은 이리저리 많은 이야기들을 들려주었습니다. 다른 무엇보다도 "하나님 외에 다른 신이 없다"는 말이 충격적이었습니다. 힌두교 왕국에 태어나서 다신교 문화 속에서 살아온 그로서는 그럴 수밖에 없었습니다.

예배드리는 자리에도 참석했습니다. 처음 보는 모임이었지만 찬양하는 모습이 인상적이었습니다. 자기와는 전혀 다른 세계에 사는 이들 같았습니다. 그러는 사이에 아버지의 병세가 호전되어 퇴원할 날이 됐습니다. 집으로 돌아가는 찬드라에게 병원에선 성경과 전도책자들을 쥐어주었습니다. 그러나 거기까지. 아직 스스로 책을 펼쳐서 읽어볼 마음까지는 아직 들지 않았습니다.

극적인 변화는 잠시 후에 찾아왔습니다. 어느 날 밤, 찬드라는 문득 잠에서 깨어났습니다. 무슨 꿈을 꾸었는지 자면서 펑펑 울었던 모양입니다. 얼굴이 온통 눈물범벅이었습니다. 무엇 때문에 그랬는지는 기억나지 않았습니다. 무언가 범상치 않은 일이 일어나고 있다는 느낌만 분명했습니다. 순간, 병원에 머무는 동안 들었던 메시지들과 관련이 있을지 모른다는 생각이 떠올랐습니다. 찬드라는 기도했습니다. "당신이 하나님이시면 저에게 바른 길을 가르쳐주십시오."

다시 잠들었다 깨어났을 때, 그는 전혀 다른 사람이 된 듯한 기분을 느꼈습니다. 찬드라는 주님을 마음에 받아들였습니다. 밀쳐두었던 성경을 꺼내 읽으며 기도하기 시작했습니다. 제 발로 교회를 찾아가 세례를 받았습니다. 한 청년의 회심은 집안 전체의 변화로 이어졌습니다. 어머니를 위해서 간절히 기도하면서부터 병세가 몰라보게 달라지더니 마침내 온전한 정신을 되찾았습니다. 그뿐이 아니었습니다. 스스로 크리스천이 되었으며 이웃들을 찾아다니며 열심히 복음을 전했습니다. 술만 마셨다 하면 아들을 구박하던 아버지도 기적 앞에서는 할 말을 잊었습니다. 결국 아버지도 예수님 앞에 무릎을 꿇었습니다. 이어서 두 여동생이 뒤를 따랐습니다.

찬드라의 마음에 떨어진 복음의 씨앗은 엄청난 열매를 맺기 시작했습니다. 탄센병원 근처 우물가에서 얻어들은 한 마디 덕분에 히말라야 외진 산골에 사는 한 가정이 모두 구원을 받았으며, 복음이 전파되는 중간기지가 된 겁니다.

영혼과 돼지와 채소가 모두 잘되는 집

오늘은 찬드라를 집에서 재우기로 했습니다. 저녁 먹고 잠시 이야기하다 보낼 계획이었는데, 처갓집이 외곽에 뚝 떨어져 있었는데 일찌감치 차가 끊어질 거라는 생각을 못했습니다. 반가운 마음에 집으로 불렀던 게 하룻밤 이산가족을 만들고 말았습니다. 다른 식구들에겐 미안하지만 우리에겐 즐거운 일입니다. 찬드라가 사는 얘기를 더 들을 수 있게 되었으니까요.

2년 전, 찬드라는 카트만두 출신의 아가씨를 만나 결혼을 했습니다. 도시에 살던 처녀가 굴미 같은 산골짜기에 들어가 어떻게 살까 걱정을 했는데, 잘 적응해서 어렵잖게 지낸다니 다행입니다. 수도 중심이 아니라 농촌이나 다름없는 변두리에 살았던 덕분이 아닌가 싶습니다. 찬드라가 전도하러 집을 떠나 있는 날이 많은 탓에 살림이며 농사며 온통 자기 차지가 됐지만 아무 불만 없이 뒷바라지를 잘 하고 있는 모양입니다.

그러고 보니 어떻게 살림을 꾸려가고 있는지 궁금합니다. 열심히 전도하느라 집안을 돌보지 않으면 그것도 문제가 되지 않겠습니까? 이젠 돌쟁이 아들까지 생겼는데 뭘 해서 어떻게 사는 걸까요? 전도단에서 지원을 한다지만 생활비에 턱없이 못 미치는 작은 액수일 뿐입니다.

전도자 찬드라는 농사를 짓고 가축을 키워 생계를 해결하고 있습니다. 젖을 짜는 소 한 마리, 염소 대여섯 마리, 닭들과 돼지가 있습니다. 최근에는 115킬로그램짜리 돼지 한 마리를 내다 팔고 20만 원을 받았습니다. 다른 한 마리도 새끼를 배고 있는 중이라서 곧 식구가 불어날 예정입니다.

거의 비슷한 시기에 키우기 시작한 이웃집 돼지들은 무게가 절반밖에 나가지 않아서 주인들이 몹시 부러워합니다. 마을을 돌아다니면서

농작물을 해치지 못하도록 가둬 키운 게 오히려 효과가 있었습니다.

가축의 배설물들은 한 군데 모았다가 풀과 섞어 퇴비를 냅니다. 거름이 걸어서 그런지 채소 농사가 잘 되는 편입니다. 산골인 굴미 지역엔 푸성귀가 귀한데, 찬드라네 텃밭엔 진기한 채소들이 풍성하게 자랍니다. 양은 물론이고 질로도 다른 집과 비교가 안 됩니다. 채소를 내다 파는 돈만으로도 그럭저럭 생활이 해결될 정도입니다. 장사를 할 때도 안달을 부리지 않고 푸짐하게 담아주며 복음을 소개합니다.

그동안 크리스천이라는 이유로 찬드라를 따돌리던 동네 사람들의 태도도 달라졌습니다. '예수를 믿으니 농사도 잘 되는구나' 라는 쪽으로 생각이 변하게 된 겁니다. 지금은 자연스럽게 집안에 드나들며 돼지나 채소 키우는 법을 배워갑니다. 옛날처럼 업신여기기는커녕 마을의 대소사를 먼저 의논하려고 찾아옵니다. 그리스도를 따르기가 예전보다 훨씬 쉬워진 겁니다.

찬드라는 영리하기보다 오히려 순수한 사람에 가깝습니다. '이렇게 하면 농사도 잘 되고 신앙생활도 편하게 할 수 있겠다' 고 생각해서 전략적으로 접근한 게 아닙니다. 뜻을 세우고 순리에 따라 열심히 살았을 뿐입니다. 그런 찬드라가 성공적인 전도자요 농사꾼으로 우뚝 선 걸 보면 하나님의 손길이 얼마나 섬세한지 실감하게 됩니다.

깨끗한 마음을 잃지 말고 꿋꿋하게

찬드라는 다음 날 아침식사를 마치고 떠났습니다. 처가에 들렀다가 다시 굴미로 들어갈 예정이라고 했습니다. 몇 가지 선물을 들려 보냈습니다. 뒤늦게나마 결혼과 득남을 축하하는 의미에서 수건 세 장, 아이가 입을 새 옷 한 벌을 내놓았습니다. 인모가 입던 헌옷들도 잘 정리해서 따로 꾸려주었습니다. 아들 아이가 소아습진으로 고생한다고 해서 피부 연고도 챙겼습니다.

하지만 진짜로 주고 싶은 선물은 따로 있습니다. 한기가 도는 날씨에 와이셔츠와 스웨터만 입고 다니는 모습이 애처로워보였던 걸까요? 아까부터 집에 있는 두툼한 점퍼 생각이 떠나질 않았습니다. 몇 번 입지 않은 신품이지만 나보다는 이 친구한테 더 필요할 것 같았습니다. 산골을 누비다가 한뎃잠을 자더라도 이불삼아 덮을 수 있을 듯 했습니다. 마음은 그렇게 굴뚝 같은데 선뜻 손을 내밀기가 어려웠습니다. 외부로부터 아무런 도움도 받지 않고 씩씩하게 사역해온 친구의 마음을 흐려지게 만들 수도 있기 때문입니다. 우리가 네팔 식구들에게 함부로 현금을 보태주지 않는 이유도 거기에 있습니다. 돈이란 게 요상해서 당장은 관계를 맺는 데 도움이 되는 듯 해도 결국은 순수성을 해치고 맙니다.

결국 그날은 참았습니다. "조금 어렵더라도 깨끗한 마음을 잃지 말고

꿋꿋하게 살자"는 말만 해주고 보냈습니다. 점퍼는 나중에 누가 준 줄 모르도록 제삼자를 통해서 은밀하게 전달했습니다. 네팔에서 흔히 볼 수 없는 물건인데다가 한국산이란 표시까지 붙어 있으니 어디서 난 물건인지 영 짐작 못할 바는 아닐 겁니다. 그러나 주거니 받거니 하면서 자존심이 다칠 이유도 없고 은근히 기대하는 마음이 생길 일도 없을 겁니다.

찬드라가 마주잡았던 손을 놓고 내문을 나섭니다. 골목을 돌아나가는 그의 모습에 2천년 전, 로마제국의 영토를 두루 누비던 다른 인물이 겹쳐보였습니다. 그이도 천막을 기워서 스스로 생계를 해결했습니다. 한데서 자고 험한 음식을 먹으며 복음을 전했습니다. 흩어진 교회를 세우고 연약한 크리스천들을 격려했습니다. 바로 전도자 바울 선생의 모습이었습니다.

네팔의 축제

종족과 종교가 다양한 네팔에는 축제도 많다. 축제와 관련해서 학교에 가지 않는 날이 연간 50일이 넘을 정도다. 날짜는 대부분 네팔 달력에 따라 결정되므로 늘 유동적이다. '마거 쌍끄란띠'는 추운 겨울이 끝났음을 알리는 축제다. 다들 강둑에 나가 목욕을 하고 결혼한 여성들은 친정에 가서 음식을 만들어 나눠 먹는다. 어머니는 아이들의 머리에 기름을 발라주고 건강을 기원한다. '바싼뜨 뻔짜미'는 봄의 시작을 알리는 축제로 농부들에게는 한해 농사가 시작되는 날이기도 하다. '마하 시바라트리'는 시바신의 생일 잔치다. 군중들은 바그마띠 강에서 목욕을 하고 시바 신전으로 몰려든다. 까다로운 요가 동작을 펼친다든지 혀에 쇠꼬챙이를 꼽는 장면을 볼 수 있다. 그밖에도 람 나와미, 비스켓 자트라, 세또 머친더러낫 등 갖가지 축제가 일년 내내 연달아 벌어진다.

_ 〈Knowing About Nepal(FHI 발행)〉

스리자나(사진 가운데)는 투철한 마오이스트였습니다.
무엇이 그의 마음을 녹여놓았을까요?
무엇이 그녀를 사상의 전사에서 복음의 용사로 돌려놓았을까요?

가을

진정한 혁명은 어디서 시작되는가

5

    오늘은 아내가 요리교실에 가는 날입니다. 지금쯤이면 주부 9단이 됐을 텐데 새삼스럽게 무슨 요리를 배우느냐고요? 오해하지 마십시오. 학생이 아니라 선생님이니까요. 네팔 가정의 안주인이 쉽게 만들 수 있는 간단한 요리를 가르치는 한편, 말씀을 나누고 함께 기도하는 모임을 도와줍니다.

    아내가 시작한 일은 아니었습니다. 처음 교실을 열었던 달린 콜만 선교사가 모임 장소를 못 구해서 쩔쩔매는 걸 보고 우리 부엌을 빌려주면서 발을 들여놓게 되었습니다. 그저 구경꾼 노릇만 할 생각이었는데 식구들과 낯을 익히고 교감을 나누면서 이제는 떼려야 뗄 수 없는 사이가 됐습니다. 지금도 달린 선교사와 둘이서 일주일씩 교대로 모임을 이끕니다. 안식년으로 밖에 나가 있을 때 말고는 모임에 꼬박꼬박 참석하고 있으니 개근상은 따놓은 당상입니다.

모임에 참가하는 식구들은 꾸준합니다. '오늘은 또 무슨 찬을 상에 올리나?' 하는 고민에는 국경이 없는지, 요리시간 내내 눈을 반짝거리며 설명을 듣습니다. 밀가루를 반죽하고, 물에 끓이고, 간을 맞추고, 고명을 얹는 과정까지 모두 적극적입니다.

2부 순서에 들어가면 시식 파티로 떠들썩하던 분위기가 차분하게 가라앉습니다. 육신의 허기를 채워주는 음식에 이어 영혼의 갈망을 달래줄 성찬을 탐하는 눈길이 분주합니다.

다들 코를 박고 성경을 들여다보는 틈을 타서 좌중을 한번 쭉 돌아봅니다. 잔뜩 고개를 숙여서 정수리밖에 안 보이지만 마음의 눈으로는 귀밑의 점 하나까지 다 떠올릴 수 있습니다. 아이템 선정, 재료준비, 요리, 설거지로 이어지는 번거로운 과정에도 불구하고 이 모임을 사랑하는 까닭이 바로 여기에 있습니다. 요리교실이 아니었더라면 어떻게 저들을 만날 수 있었겠습니까? 어린 신앙이 성장하고 영글어가는 과정을 어디서 이처럼 생생하게 지켜볼 수 있었겠습니까?

모임에서 주도적인 역할을 하고 있는 새댁, 스리자나만 해도 그렇습니다. 처음부터 눈에 띄는 아가씨는 아니었습니다. 여러 디디 버이니 가운데 하나였을 뿐입니다. 눈에 띄기 시작한 건 안식년을 마치고 모임에 다시 참석한 뒤부터였습니다. 말이 없던 스리자나가 어느 결에 달린의 입이 되어 있었습니다(네팔 말을 잘 못하는 달린은 성경공부 모임을 인도할 때 늘 통역의 도움을 받아야 했습니다). 듣자하니, 그동안 다르질링에 가서 신학과정까지 마치고 돌아왔다고 하더군요. 베일에 싸였던 그녀의 이력도 자세하게 들었습니다.

진정한 혁명은 어디서 시작되는가

스리자나는 마오이스트였습니다. 공산주의의 세력이 강한 암피팔 산지에서 자라면서 영향을 받은 탓에 일찌감치 '투사의 길'로 들어섰습니다. 젊고 똑똑한 그녀는 조직 안에서 금방 두각을 나타냈습니다. 산골 소녀치고는 공부도 웬만큼 한데다 머리도 좋아서 무슨 일을 시키든 척척 해냈습니다. 충성심과 책임감이 강해서 중대한 일을 맡겨도 실수가 없었습니다. 덕분에 얼마 지나지 않아서 조직의 세력을 확장하고 새 당원을 확보하는 중책을 맡게 됐습니다.

그러나 반정부 세력 사이에서 뛰어난 활약을 보인다는 건 정부군의 표적이 된다는 의미이기도 했습니다. 스리자나는 금방 수배대상이 됐습니다. 일단 군경의 표적이 된 이상 잡히는 건 시간문제였습니다. 건넛마을 아무개네 집에 무슨 일이 있다는 것까지 금방 소문이 퍼지는 시골마을에서 안전한 은신처를 구한다는 건 애당초 불가능한 일이었습니다. 서둘러 도망치는 것 말고는 체포를 피할 길이 없었습니다. 도피여정은 멀고도 험했습니다. 강가의 바위틈이든, 후미진 풀섶이든 가리지 않고 아무데나 쓰러져 잤습니다. 그렇게 몇날 며칠을 걸은 끝에 최종 목적지인 카트만두에 도착했습니다.

추적은 피했지만 그렇다고 모든 문제가 해결된 건 아니었습니다. 가진 돈을 톡톡 털어서 조그만 방 한 칸을 얻고 나자 지갑은 텅 비어버렸습니다. 당장 먹고 살 길이 막막했습니다. 찾아갈 친척도 없고, 설령 누가 있다 하더라도 손을 벌릴 형편이 아니었습니다. 친절한 외국인 부부를 만나지 못했더라면 굶주림과 긴장감에 육신과 정신이 모두 피폐해지고 말았을 겁니다. 남편은 엔지니어로, 아내는 파탄병원 소아과 의사로 일하는 선교사들이었습니다. 내외는 일거리를 소개하고 월급을 받게 해 주었습니다. 수입은 대단치 않았지만 스리자나에게는 생명 줄이나 다름없었습니다.

복음을 들은 것도 그들로부터였습니다. 가깝게 지내던 언니도, 암피팔 선교병원에서 간호사로 일하던 숙모도 모두 신실한 크리스천들이었지만 그런 얘긴 단 한 번도 들어본 적이 없었습니다. 젊은 공산주의자의 중심에 좁쌀만한 생명의 씨앗이 톡 떨어졌습니다. 그 척박한 마음에서 과연 구원의 싹이 돋아날 수 있을까요? 말라죽지는 않을까요? 날아가던 참새의 눈을 피할 수 있을까요?

다행히 씨앗은 마음 밭 가장 부드러운 흙에 뿌리를 내리고 싹을 틔우기 시작했습니다. 그리스도의 메시지가 단비처럼 뿌리에 스며들었습니다. 투쟁으로도 얻을 수 없었던 평화가 솟아올랐습니다. 젊은 파르티잔은 그렇게 뜨거운 크리스천이 되었습니다.

외국인 가정의 가사도우미로 일하면서 받는 쥐꼬리만한 월급에서 스리자나는 다시 십일조를 떼어냈습니다. 새로운 생명을 주신 데 대한 감사의 표현이었습니다. 그야말로 피 같은 헌금을 하면서 그녀는 짜릿한 기쁨을 느꼈다고 했습니다. 이일저일 가릴 처지가 아니었습니다. 허드렛일이든, 네팔 말을 가르치는 일이든 닥치는 대로 달려들었습니다. 똑똑하고 성실하며 책임감이 강한 친구라 어디를 가든 인정을 받았습니다. 얼마 지나지 않아서 스리자나는 인디아 출신 선교사들이 운영하는 선교단체의 간사로 취직했습니다.

달린 선교사와의 만남은 스리자나에게 또다른 발판이 되었습니다. 신앙에 대해서뿐만 아니라 인생 전반에 대해 조언을 구할 멘토를 얻게 된 겁니다. 요리교실과도 자연스럽게 연결되었습니다. 달린은 통역을, 스리자나에게는 크리스천 동료들과 역량을 펼쳐 보일 기회를 얻었습니다. 마침 우리도 한 발짝 뒤로 물러설 시점을 찾고 있던 터였습니다. 선교사들이 꽉 붙들고 있는 한, 네팔 식구들의 성장은 제한적일 수밖에 없었습니다. 조금 아쉽다 싶을 때 물러나는 게 모두를 위해서 유익했습니다. 달린 선교사와 아내는 스리자나에게 모임을 인도하고 성경을 가르치며, 기도회를 인도하는 일을 맡겼습니다.

한국의 불법체류자에서 천국의 시민권자로

스리자나가 성숙한 크리스천으로 거듭나는 사이, 한편에서는 비샬이라는 네팔청년이 새로운 삶의 역사를 써나가고 있었습니다.

비샬은 한국에서 일하는 불법체류 외국인 노동자였습니다. 청년의 꿈은 부지런히 돈을 모아 고향에 돌아가는 것뿐이었습니다. 타향살이의 고단함도, 이방인의 서러움도 그 소망 하나로 이겨냈습니다. 교회를 들락거리긴 했지만 예수를 믿지는 않았습니다. 따뜻한 밥 한 끼 얻어먹고 비슷한 처지에 있는 친구들을 만나 어울리는 게 즐거웠을 따름입니다. 못된 한국인들 욕이라도 한바탕 하고 나면 그나마 속이 좀 풀리는 것 같았습니다.

하지만 비샬이 몰랐던 게 있었습니다. 복음의 화살은 결코 표적을 놓치지 않았습니다. 귓등으로 흘려보낸 줄 알았던 메시지가 어느 결엔가 마음에 스미기 시작했습니다. 일단 변화가 시작되자 무엇으로도 그 도도한 흐름을 가로막을 수 없었습니다. 한국을 떠날 무렵, 비샬은 이미 크리스천이 되어 있었습니다.

한국에서 4년을 보낸 뒤, 비샬은 일본으로 가는 밀항선에 올랐습니다. 똑같이 고생할 바에야 수입이 좀더 나은 곳으로 가자는 생각이었습니다. 그러나 일본은 생각만큼 기회의 땅은 아니었습니다. 치밀하게 짜여진 사회경제구조는 불법체류 외국인이 파고들어갈 틈을 조금도 허용하지 않았습니다. 더 많은 수입을 올리겠다는 계획은 물거품이 되었습니다. 하지만 백 퍼센트 손실은 아니었습니다. 일본 땅에서 새로운 일에 눈을 떴기 때문입니다.

무심코 찾아갔던 교회에서 비샬은 두 명의 한국인을 만났습니다. 적어도 일흔은 되어 보이는 노인들이었습니다. 한국에서 사업을 하다 실패해서 가족들을 남겨둔 채 혈혈단신 돈 벌러 왔다고 했습니다. 낯을 익히고 난 뒤부터 두 어른은 시간 날 때마다 먹을거리를 잔뜩 싸들고 찾아왔습니다. 비샬의 방은 언제나 만원이었습니다.

문제가 생길 때마다 앞장서서 해결하려고 노력하는 그에게는 따르는 친구들이 많았습니다(일자리를 잃고 당장 거리에 나앉게 된 동료를 위해 가장 먼저 자기 수입에서 십분의 일을 떼어 나눠준 것도 비샬이었습니다). 두 어른은 손짓발짓까지 다 동원해가며 네팔 친구들과 긴 대화를 나누었습니다. 주제는 언제나 예수 그리스도와 구원의 진리였습니다.

비샬은 고향 사람들을 떠올렸습니다. 한국인들이 네팔의 영혼을 위해 저토록 노력한다면, 동족으로서 나는 더 큰 열심을 내야 마땅하지 않겠는가 하는 자각이 들었습니다. 그날은 한 네팔 청년의 터닝 포인트가 되었습니다. 고국으로 돌아온 그는 곧장 깨달음을 실천에 옮겼습니다. 신학교에 입학해서 목회자의 길을 밟기 시작한 겁니다. 한시가 급했던 비샬은 신학생 신분으로 교회를 개척했습니다. 첫 교인은 비샬의 친척들이었습니다.

지난날 우리가 그랬던 것처럼, 네팔에서도 잘 된 친척집에 자식을 맡겨 가르치는 경우가 많습니다. 쉽게 말하자면 성공한 친척을 믿고 자식을 유학 보내는 겁니다. '한국에서 성공하고 돌아온' 비샬의 집에도 사촌동생들이 줄줄이 올라왔습니다. 이들은 자동적으로 그가 이끄는 교회의 등록교인이 됐습니다. 먼 장래를 내다보고 예배당 지을 땅도 사두었습니다.

한국과 일본에서 생활하면서 떼어놓았던 십일조가 기초 자금이 되었습니다. 일본을 떠날 때 두 어른이 전별금 삼아 쥐어준 돈도 집어넣었습니다.

🌱 네팔의 밤하늘도 한국처럼

스리자나에게 기쁜 일이 생겼습니다. 하루는 이 아가씨가 아내에게 김치 담는 법을 좀 가르쳐달라고 하더랍니다. 배추김치를 꼭 먹고 싶어 하는 친구가 있다고요. 척하면 척이지, 사랑을 어떻게 숨긴답니까? "결혼할 사람 생겼구나?!" 하고 콕 찌르자 기다렸다는 듯이 고개를 끄덕이더라는 겁니다.

같은 뜻을 가진 신랑감을 주셔서 평생 하나님께 헌신하며 살게 해달라고 기도했더니 정말 그런 청년이 나타났다는 겁니다. 그게 누구냐고요? 아직도 눈치 못 채셨습니까? 바로 비샬입니다. 아름다운 청년 둘이 결혼해서 멋진 가정을 꾸리게 된 겁니다.

신나는 일은 그뿐이 아닙니다. 오랫동안 매달렸던 신학과정도 모두 끝났습니다. 돌아보면 새벽 여섯 시에 일어나서 공부하랴, 시험 치르랴, 전도하랴, 개척한 교회 돌보랴 몹시 분주한 나날들이었습니다(그래도 사랑하는 이와 나란히 한 학교에서 공부하는 재미 또한 쏠쏠했을 겁니다). 이제 목회자로서 장거리 달리기에 들어갈 준비는 모두 끝났습니다. 이제 꿈꾸던 일을 하나하나 실행에 옮기는 일만 남았습니다.

혼자 살 때 품었던 비전은 결혼과 더불어 갑절이 됐습니다. 카트만두뿐만 아니라 네팔 75개 군마다 하나씩 교회를 세우는 게 이 어여쁜 부부의 소원입니다. 네팔의 하늘에도 한국처럼 십자가가 총총히 들어서게 만들겠다는 겁니다.

어느 천 년에 그런 일이 일어나겠느냐고요? 벌써 파탄병원 가는 길에 교회 하나 더 개척했다면 믿으시겠어요? 어쩌면 자리도 그렇게 잘 잡았는지. 선교의 근거지가 필요하다 싶었던 자리에다 딱 교회를 세웠더군요. 물론 아직 많이 부족합니다. 하지만 전임 사역자까지 따로 세웠으니, 차츰 나아지겠지요.

우리 기대와 기대가 이 정도인데, 하늘에서야 오죽하겠습니까? 우린 아무 걱정 없습니다.

■ **디디 버이니** – 여성들이 손위아래를 가려 부르는 말. 디디는 언니, 버이니는 여동생을 가리킨다.

네팔의 장례식

누군가 세상을 떠나면 얼굴을 흰 천으로 덮고 가족까지도 보지 못하게 한다. 시신을 만질 수 있는 사람은 극히 제한적이다. 장례 준비가 되면 강가로 옮겨서 발을 물에 담근다. 그래야 다음 세상으로 떠날 수 있다고 믿기 때문이다. 보통은 하루가 지나기 전에 화장한다. 불을 댕기기 전에 가슴에 쌀을 놓아준다. 저승으로 갈 때 쓸 식량인 셈이다. 예식이 끝나면 모두 몸을 씻어서 정결하게 한다. 부모를 잃은 상주는 머리칼을 조금만 남기고 다 밀어버린다. 장례식 때 입었던 옷은 화장터에서 벗어버리고 흰 천으로 몸을 두른 채 돌아온다. 집에서는 독방에 혼자 머물면서 스스로 밥을 지어먹는다. 일체의 접촉을 차단하는 것이다. 13일간의 애도 기간을 지낸 뒤에야 일상으로 돌아올 수 있다.

_ 〈Knowing About Nepal(FHI 발행)〉

겨울, 그리고 다시 봄

농사는 잘 됐습니다. 가을걷이가 한창 진행중이고 수확도 좋을 것 같습니다. 수많은 선배들이, 동료들이, 후배들이 씨앗을 뿌리고 키운 덕에 네팔의 크리스천 커뮤니티는 날이 갈수록 성장하고 있습니다. 자생적인 선교단체들이 나타나고, 진정으로 거듭난 크리스천들이 꾸준히 나타나고 있습니다.

그러나 빛이 환할수록 그림자도 또렷한 법, 어려움도 날이 갈수록 심해집니다. 정권에 참여하게 된 마오이스트들이 앞으로 어떤 정책을 펼지 알 수 없습니다. 선교부에서는 선교병원에서 서서히 손을 뗄 계획을 세우고 있습니다. 네팔 정부나 개인의 손으로 들어간 병원들은 곧 차별성을 잃게 될 겁니다. 시골 병원에서 일할 의료 인력의 수요는 급격하게 늘어나는 반면, 공급은 현저하게 줄어들고 있습니다. "단 한 명의 의사라도 더 보내주세요!"라는 외침은 어느 한 병원만의 목소리가 아닙니다.

가을걷이가 끝난 네팔의 들판에는 서서히 겨울의 분위기가 느껴집니다. 그러나 추위가 아무리 심해도 참다운 생명까지 끊어놓을 순 없습니다. 혹한기를 지낸 교회는 더 단단해질 겁니다. 다음 봄을 준비하는 네팔 크리스천들의 손길도 한층 빨라지고 있습니다. 선교단체를 구성해서 선교병원을 인수받고 크리스천의 정신을 지켜내는 길이 조금씩 윤곽을 드러냅니다. 이제 다시 호흡을 가다듬어야겠습니다. 네팔에 의료보험제도를 심는 어려운 작업을 시작하려는 뜻도 거기에 있습니다.

추울수록 새로운 봄기운

다 내려놓겠다며 호기롭게 출발하고도, 기왕에 가졌던 걸
깨끗이 잊기가 이렇게 힘들었습니다.
비교는 시력을 떨어트려서 정체성을 잃게 만들곤 했습니다.

겨울, 그리고 다시 봄

비교하면 눈이 탁해집니다

1

자동차가 생겼습니다. 예쁘장하게 생긴 소형차입니다. 이름이 '딸깍'이라지요? 대한민국이 만든 차여서 더욱 대견합니다. 사실, 네팔의 산악지형이나 열악한 도로사정을 생각하면 큼지막한 사륜구동 차량이 더 편리하고 안전하겠지만, 그 큰 덩치를 끌고 우리가 사는 좁은 골목을 들락거릴 자신이 없습니다.

차가 있었으면 좋겠다는 생각이야 옛날 고릿적부터 했습니다. 먼지가 하얗게 피어오르는 길에 서서 승용차 편으로 등교하는 친구에게 손을 흔드는 아들아이를 지켜볼 때, 출산이 임박한 아내를 택시에 태우고 덜컹거리는 비포장도로를 달려야 할 때, 한국에서 오는 손님을 마중 나갈 때마다 차가 아쉬웠습니다.

그래도 선뜻 차를 구입하지 못했던 건 여윳돈이 없다는 현실적인 문제 때문만은 아니었습니다. 아직 끼니를 거르는 이들이 허다한 네팔에서 기업인도 아닌 선교사가 자동차를 굴리고 다닌다는 게 마음이 편치 않았습니다.

우리가 출석하는 네팔교회만 하더라도 다들 가난해서 오토바이만 타도 대단히 넉넉한 축에 낍니다. 현지인들만이 아닙니다. 서구 선교사들 가운데는 자동차 없이 사는 이들이 수두룩합니다. 조그만 자전거 안장에 거구를 얹고 복잡한 시내를 아슬아슬 누비는 그들을 보면 대단하다 싶습니다. 자동차 편리한 걸 몰라서는 아닐 겁니다. 이곳 사람들에게 조금 더 가까이 다가서서 섬기고 싶다는 뜻에서 불편함을 감수하며 살아갈 뿐이죠.

그래서 차 없이 살았습니다. 화급을 다투는 일이 날마다 생기는 것도 아니고, 혹시 급한 일이 생긴다 해도 선교부 차량을 빌리거나 택시를 타면 그만입니다.

그런데 왜 마음이 바뀌었냐고요? 나이가 들었느냐고요? 그럴 수도 있겠죠. 요즘은 자꾸 편한 걸 찾게 되네요. 하지만 그게 전부는 아닙니다. 덜컥 미루던 차를 사들인 데는 다른 이유가 있었습니다.

비가 억수같이 내리던 날이었습니다

본래 이맘때는 대단히 건조한 편인데, 그날 밤은 마치 우기처럼 많은 비가 쏟아져 내렸습니다. 밤 열시쯤, 당직을 서던 레지던트에게서 전화가 걸려왔습니다. 당장 수술해야 할 맹장환자가 들어왔다는 겁니다. 혼자서도 충분히 해내리라고 생각하면서도 살짝 불안한 마음이 들었습니다. '아직 일년 차에 불과한 수련의 손에 다 맡겨놔도 괜찮은 걸까?' 만사 불여튼튼! 이럴 땐 얼른 달려가서 지켜보는 게 맘 편합니다. 일단 수술을 시작하라고 지시해놓고 부랴부랴 옷을 갈아입습니다. 겨울옷 위에 우비까지 덧입었더니 뒤뚱뒤뚱 눈사람 같습니다.

이 시간에 재빨리 움직이는 데는 구입한 지 10년 된 '신품' 스쿠터가 제일입니다. 네팔의 밤 열 시면 거리에 인적이 모두 끊긴 시간입니다. 버스는 물론이고 택시도, 릭샤도 만나기 힘듭니다. 시들시들한 전조등이 조금 걱정스럽기는 하지만 달리 방법이 없습니다. 엎친 데 덮친 격으로 시내는 암흑천지였습니다. 온 시내가 정전이었습니다. 평상시에도 하루에 두어 차례 씩 정전이 되는 판인데 비까지 내리니 오죽하겠습니까? 비는 쏟아지고, 정전은 됐고, 전조등은 어둡고, 길은 미끄럽고 … 걱정스럽긴 하지만, 한두 번 하는 일도 아니고 별일 있겠느냐고 스스로 위로해가며 집을 나섭니다. 날씨가 워낙 험하다보니 기껏해야 시속 20킬로

미터로 달리는 데도 통 정신이 없습니다.

그렇게 얼마나 달렸을까요. 쿵 소리와 함께 충격이 느껴지더니 몸이 허공을 날았습니다. 스쿠터가 무언가에 부딪히는 바람에 중심을 잃고 나뒹군 겁니다. 정신을 수습하고 일어서려는데 온몸에서 짜릿한 통증이 느껴집니다. 더듬더듬 바닥을 훑어서 안경부터 찾아 씁니다. 한쪽 렌즈는 끝내 못 찾았습니다. 방금 전까지만 해도 스쿠터에 부딪혔다는 청년이 곁에 있었는데, 온다간다 말도 없이 어디론가 사라져버렸습니다. 대신 오토바이를 타고 지나가던 행인이 달려와서 부축해주었습니다.

집에 돌아와 옷을 벗고 살펴보니 온몸이 상처투성이였습니다. 손, 팔꿈치, 무릎, 뺨에 심한 찰과상이 났습니다. 질긴 등산화에도 구멍이 뚫렸습니다. 양말이 찢어지고 발에는 깊은 상처가 파였습니다. 한겨울 날씨에 비를 쫄딱 맞은 터라 온몸이 덜덜 떨려왔습니다.

다음날 곧바로 엑스레이를 찍었습니다. 뼈에는 별 탈이 없었습니다. 천만다행이었습니다. 당장이라도 드러눕고 싶을 만큼 아팠지만, 정상적으로 병원일을 보았습니다. 꾸역꾸역 밀려드는 환자들을 돌려보내기가 미안했습니다. 여기저기 깨지고 터진 의사가 끙끙거리며 환자를 살피는 진풍경이 펼쳐졌습니다.

그렇게 두 달, 패이고 깎인 상처에는 딱지가 앉았지만 어깨 통증만은 좀처럼 가라앉지 않았습니다. 아니, 날이 갈수록 심해졌습니다. 현지 병원에서는 원인을 제대로 파악해내지 못했습니다. 마침 복강경 시술 연수를 받으러 한국에 들어올 일이 있어서, 진찰을 받았습니다. 진단은 오십견, 처방은 주사 한 대였습니다. 주사도 국산품이 세계 제일인지, 채 일주일이 지나지 않아서 통증이 누그러들었습니다. '이렇게 간단한 걸!' 쾌재를 불렀습니다. 하지만 그때는 몰랐습니다. 그게 고통과 벌이는 지루한 숨바꼭질의 시작이라는 걸 말입니다.

상처는 아물다 덧나기를 반복했습니다. 통증은 게릴라처럼 들락거리며 괴롭혔습니다. 심지어 연수를 마치고 태국까지 갔다가도 되돌아와야 했습니다. 진료를 받고 나아지는 듯해서 네팔로 돌아갔지만 출근하기가 무섭게 재발됐습니다. 접시조차 들기 어려운 판국이어서 병원에서도 몸을 사릴 수밖에 없었습니다. 팔을 많이 쓰는 내시경 검사는 고역 중에 고역이었습니다. 한동안은 쉬엄쉬엄이라도 기계를 놓지 않다가 결국 다른 의사에게 맡기고 말았습니다. 수술을 하다가도 "악!" 하고 비명을 지르기 일쑤였습니다. 소리만 들어서는 누가 의사고 누가 환자인지 모를 지경이었습니다. 진통제의 양을 늘리고, 스테로이드 주사를 맞고, 물리치료를 해보고 별의별 짓을 다 해도 해결되지 않았습니다. 더럭 겁이 났습니다. '외과의사로서는 이제 끝장인가 보다.'

결국 한국으로 돌아와 수술을 받기로 했습니다. 정밀검사와 수술 과정에서 몰랐던 사실들이 드러났습니다. 감춰진 골절이 있었고, 갈라진 채로 굳어버린 뼈가 근육을 망가트리고 있었습니다. 인대가 절반 이상 끊어져 너덜거렸습니다. 수술은 성공적이었습니다. 통증은 가라앉았고, 움직임도 부드러워졌습니다. 비용과 시간의 소모가 크더라도 처음 귀국했을 때 처리했더라면 훨씬 수월했을 일을 한시바삐 현장으로 돌아갈 욕심에 무리를 했다가 일을 키웠습니다. 그래도 불만은 없습니다. 아픈 게 다 지나갔으니까 말인데, 이것도 영광의 상처거니 하기로 했습니다. 훈장 하나 더 받은 셈 치자고요.

상처는 훈장쯤으로 치고

그러나 빗길에 스쿠터 타고 달리는 건 차제에 그만두기로 했습니다. 네팔로 돌아가자마자 미뤄뒀던 차량 구입을 단행했습니다. 비용이요? 실은 일년 전부터 꿍쳐둔 자금이 있었습니다. 평소에도 이일저일 많이 돌봐주시던 후원자 한 분이 '반드시 자동차 구입하는 데 쓸 것'이라는 단서를 달아 적잖은 금액을 보내주었거든요.

 사설이 좀 길었나요? 아직도 승용차를 굴리는 게 미안해서일 겁니다. 물론 한국에서라면 차 한 대 사면서 이렇게 구구절절 긴 설명을 붙이지는 않았을 겁니다. 그럭저럭 의사노릇을 하면서 자동차 정도는 큰 고민

없이 사들였을 테니 말입니다. 허풍이라고요? 얘기 안 했던가요? 삼십 대부터 병원에서 제공해준 널찍한 집에 살면서 아버지가 물려준 승용차를 몰았고요. 급여가 통장으로 곧장 입금되던 시절이 아니므로, 두툼한 돈다발을 신문지에 싸서 아내에게 넘겨주는 기분도 맛보았다니까요. 집에는 손님이 끊이지 않았습니다. 선교단체 간사수련회까지도 집에서 너끈히 치러냈습니다. 누구든 반갑게 모셔다가 넉넉히 대접했습니다. 동네사람들이 '사이비종교 집회소'로 오해할 지경이었습니다.

그러나 모든 걸 뒤로 하고 길을 떠나는 순간부터 그런 풍족함과 거기서 나오는 여유를 반납해야 했습니다. 월급이 아닌 후원에 의지해서 생활하려니 매사 눈치가 보였습니다. 넉넉지 않은 이들이 한두 푼씩 모아두었다가 후원금을 보내주는 걸 생각하면 사소한 지출도 조심스러웠습니다. 지켜보는 이가 없다 해도, 하나님과 양심의 눈을 의식할 수밖에 없었습니다. 뉴질랜드에서 훈련받는 동안은 줄곧 구세군이 빈민들을 위해 운영하는 알뜰상점과 개러지 세일에 의지했습니다. 꼭 필요한 게 아니면 세간을 들이지 않아서, 집안이 휑할 정도였습니다. 때로는 인생 전체가 중고가 된 것 같은 느낌마저 들었습니다.

상대적으로 신경을 덜 쓰는 남편이 이럴 정도면 직접 예산을 세워 생활비를 지출해야 하는 쪽에서는 한결 더 부담감을 느꼈을 겁니다. 넉넉하지 않은 가정에 태어난 아내는 서울에서 유학생활을 하는 내내 빠듯한 용돈으로 생활했습니다. 결혼한 뒤에 비로소 경제적인 안정을 누리고 막 즐기려던 참인데, 이 길을 선택하면서 다시 고등학생, 대학생 시절의 생활방식으로 돌아가게 된 겁니다. 당연히 충격의 크기가 달랐을 겁니다.

포기해야 할 게 자동차만은 아니었습니다. 실제로는 자존심을 정리하는 게 더 고달팠습니다. 병원에서 환자를 돌보면서 학생들을 가르치는 신분에서 하루아침에 배우는 입장이 됐습니다. 안되는 영어로 수업을 듣고 숙제를 해내느라 진땀을 흘렸습니다. 게다가 훈련받던 대학에서는 학교일을 학생들에게 조금씩 나눠 맡기는 게 원칙이었습니다. 수업을 마치면 총알같이 식당으로 뛰어가서 식탁을 차려야 했습니다. 식사가 끝나면 그릇을 거둬다가 설거지를 했습니다. 유리창 닦기도 하고 잔디를 깎기도 했습니다. 겸손한 척 하느라고 허드렛일을 자청하는 기분과 의무를 이행하는 느낌은 천양지차였습니다. 기름 낀 접시를 닦거나 잔디를 깎노라면 불쑥 처량한 생각이 들기도 했습니다.

거기에 비교의식까지 끼어들면 참으로 견디기 힘들어졌습니다. 동기들은 물론이고 후배들까지 저만큼 앞서 달려가는 게 보였습니다. 첨단 의료기술을 습득하는 데도 뒤떨어지고, 생활 수준에도 차이가 생겼습니다. 아내 쪽에서도 마찬가지입니다. 추위를 견디다 못해서 졸업생들이 내다 파는 낡은 옷을 사다 입는 상황에서, 살림이 넉넉한 이들을 바라보면 스스로 한심한 마음이 듭니다. 이것저것 갖춰놓고 사는 집에 갈 때마다 '우리도 저러고 살았는데' 라는 생각이 스칩니다. 불쑥불쑥 회의가 일어납니다. "남들은 더 나은 삶을 살기 위해서 고향을 떠나 여기까지 왔는데, 우린 무얼 하러 세계에서 가장 가난하다는 나라에 들어가려고 이 고생을 하는가?" 수많은 고비를 넘겨가며 그토록 가고 싶었던 길을 가면서도 모든 걸 무효로 돌리고 싶은 생각이 굴뚝같았습니다. 돌아가기만 하면 다 해결될 일이었습니다. 교인들 앞에서 약속한 것만 아니면 보따리를 쌌을지도 모릅니다.

깊이, 깊이, 깊이 내려가는 훈련

더 높은 뜻을 위해 다 내려놓겠다며 호기롭게 출발하고도, 기왕에 가졌던 걸 깨끗이 잊기가 이렇게 힘들었습니다. 비교는 시력을 떨어트려서 정체성을 잃게 만들곤 했습니다. 사실은 그럴 일이 아니었습니다. 차가 있고 없고는 중요하지 않았습니다. 내가 누구이고 무엇을 위해 어디로 가느냐가 핵심이었습니다. 다른 이들은 이민이나 여행을 왔고 우리는 훈련을 왔습니다. 목적 자체가 달랐습니다. 나중에야 분명히 깨달았지만, 이렇게 재정적이고 정서적인 기득권을 포기하고 낮아지는 과정이야말로 네팔에서 일하는 데 가장 필요한 훈련이었습니다. 누리기 위해서가 아니라 섬기러 가는 길이었기 때문입니다.

차를 몰고 골목을 지나가는데, 아는 얼굴들이 보입니다. 한동네에 사는 네팔 사람들이 줄지어 흙길을 걸어갑니다. 성경번역 일을 하는 선교사는 오늘도 설렁설렁 자전거를 타고 지나갑니다. 양쪽에 하나씩, 아이들 손을 잡고 학교에 데려다주는 이도 보입니다. 괜히 얼굴이 화끈거립니다. 속으로 이 차가 왜 필요했는지 되씹으며 동의를 구합니다. "하나님, 아시지요?"

한편으로는 새로운 고민을 시작합니다. 오랜 세월 잘 버텨주던 '금성' 냉장고가 오늘내일 하고 있기 때문입니다. 차량을 구입할 때와 똑같은 고민을 고스란히 되풀이하게 생겼습니다.

네팔의 결혼식

과거에는 중매결혼이 대세였지만 지금은 연애결혼도 적지 않다. 마음에 정한 상대가 생기면 남자가 여자 집으로 찾아가 청혼한다. 허락을 받으면 간단한 예물을 드리고 돌아온다. 카스트를 아주 벗어나서 결혼하기는 힘들다. 서로 사귀던 남녀라도 결혼을 앞두고는 카스트를 따진다. 택일을 해서 식을 올리는데, 신랑과 들러리가 악대를 대동하고 신부 집으로 가서 식을 올린다. 먼저 신들에게 제사를 올리고 신부의 부모에게 축복을 받는다. 본격적인 예식은 짧게는 두 시간, 길게는 여섯 시간씩 걸린다. 신부 집에서 하룻밤을 자고 신랑 집으로 돌아온다. 결혼식은 축제처럼 치러지지만 눈에 드러나지 않는 문제도 적지 않다. 카스트 문제로 극단적인 선택을 하는 이들도 있고 혼수 문제로 이혼에 이르거나 큰 빚을 지기도 한다.

_ 〈Knowing About Nepal(FHI 발행)〉

의사 한 명이 떠났다는 얘기가 들려올 때마다 가슴이 철렁하고 마음이 묵직해집니다. 병원이 얼마나 분주하게 돌아가고 있을지 누구보다 잘 알고 있기 때문입니다.

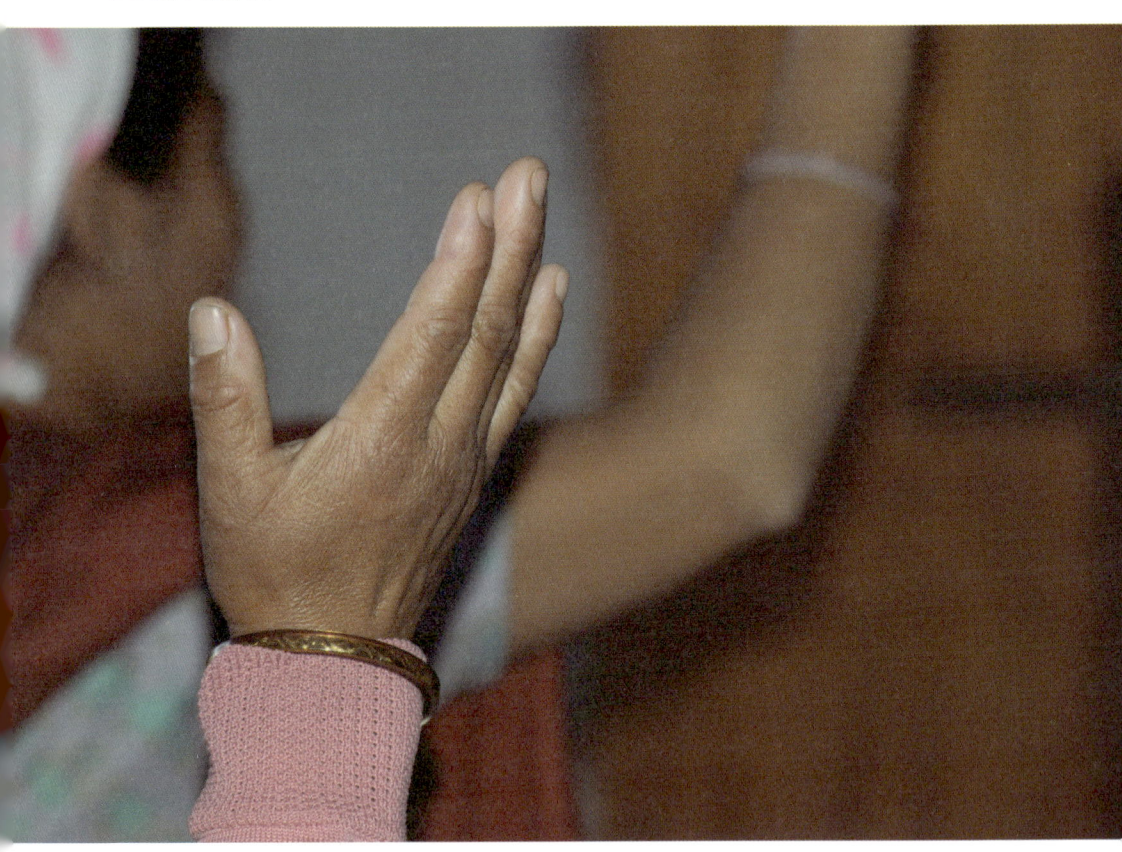

겨울, 그리고 다시 봄

농부가 떠난 들판에도 봄은 오는가

2

"사랑하는 식구 여러분들께 슬픈 소식을 전합니다. 지난 일요일, 존 버슬렘 선교사가 심장마비를 일으켜 세상을 떠났습니다"

부고는 간단했습니다. 친구는 떠났습니다. 네팔 선교사의 한 페이지가 또 넘어갔습니다. 돌아올 날을 손꼽아 기다렸는데, 기대는 허망하게 무너졌습니다.

이렇게 아쉬울 데가 또 있을까요? 수술을 받는 대로 돌아오겠노라고, 3개월만 고생하라고 손을 흔들던 모습이 아직도 눈앞에 선한데 영영 떠났다는군요. 낙원을 향하는 그는 행복했겠지만, 남은 이들의 마음은 한없이 무겁습니다.

기인, 존 버슬렘

존 버슬렘은 기인이었습니다. 수염을 길게 기르고 네팔 전통의상을 즐겨 입었습니다. 주로 산골에 머물면서 도시에는 좀처럼 내려오지 않았습니다. 같은 나라에서, 같은 선교부에 몸을 담고, 같은 일을 하면서도 5년이 지나도록 얼굴을 대하지 못했습니다. 암피팔 병원으로 출장 갈 일이 없었더라면 얼굴을 마주하는 데 더 오랜 세월이 필요했을지도 모릅니다. 직접 만나보니 독특하긴 해도 괴팍한 인물은 아니었습니다. 오히려 너그럽고 따듯한 성품을 가진 선교사였습니다. 우리는 저녁식사를 함께하며 긴 대화를 나누었습니다. 덕분에 존의 이력과 진면목을 제대로 탐색할 수 있었습니다.

존은 의대를 졸업하고 전문의 과정에 응시했다 낙방했습니다. 열심히 준비했던 만큼 실망도 컸습니다. 다시 응시하면 그만이련만, 그는 아예 보따리를 꾸려 해군 군의관으로 입대해버렸습니다. 전역한 뒤에도 병원보다는 전문 산악인으로서 수없이 많은 고봉들을 오르내리는 데만 정신을 팔았습니다. 7-8천 미터급 고봉이 즐비한 네팔은 제2의 고향이나 다름없었습니다.

그러던 어느 날, 존은 생사가 갈리는 체험을 합니다. 등반길에 오르다가 조난을 당한 겁니다. 함께 산을 오르던 친구는 그가 지켜보는 앞에서 목숨을 잃었습니다. 간신히 산을 내려온 그는 유랑 생활을 정리하고 집으로 돌아갔습니다. 삶과 죽음을 오가는 체험은 그로 하여금 영원한 생명에 눈뜨게 했습니다. 오랜 방황 끝에 존 버슬렘은 예수 그리스도를 삶의 주인으로 받아들였습니다.

인생의 목표가 달라진 존은 또다른 이유에서 오지를 찾아다녔습니다. 몸과 마음이 다 굶주린 이들을 위해 학교에서 배운 의술을 활용하고 싶었습니다. 아내와 함께 바이블 칼리지를 졸업한 존은 인구 100만의 강력한 불교국가, 부탄으로 들어갔습니다.

그곳 병원에서 9년 동안 일하면서 티베트 문화권에 복음을 전해야겠다는 꿈을 얻었지만 소중한 동반자를 잃었습니다. 아내가 둘째 아이를 낳다가 세상을 떠난 겁니다.

존은 깊은 상실감을 안고 영국으로 떠났습니다. 뜻밖의 일격은 그의 삶을 뒤흔들었습니다. 주저앉으려는 존을 붙들어준 건 옛 친구 헬렌이었습니다. 바이블 칼리지 동기이기도 하고 네팔에서 간호사로 7년 동안 일하다가 귀국한 동료 선교사이기도 했습니다. 오래지 않아 둘은 부부가 되었고 나란히 부탄으로 돌아왔습니다.

고작 2년 만에 국외로 추방되는 곤경을 겪었지만 곁에 확실한 동반자가 있었기에 지난번처럼 비틀거리지는 않았습니다. 어차피 목표는 티베트였습니다. 부탄 재입국이 어렵다는 사실이 확실해지자 두 사람은 네팔을 거쳐 티베트로 들어갔습니다.

　티베트 생활은 고작 3년 남짓에 불과했습니다. 뜻을 펴기에는 모든 여건이 불리했습니다. 의사로서, 선교사로서 마음껏 일할 수 없다면 굳이 거기 머물 까닭이 없었습니다. 존과 헬렌은 다시 네팔로 돌아왔습니다. 그리고 1994년부터 얼마 전까지 암피팔, 람중, 탄센병원을 오가며 환자들을 보살폈습니다.

　부탄과 네팔, 티베트를 오가던 존의 인생편력에 마침표를 찍게 만든 건 평범한 사고였습니다. 카트만두에 잠깐 머무는 동안 자전거를 타고 가다 넘어지면서 대퇴부 골절상을 입었습니다. 별것 아닌 줄 알았던 상처는 끈질기게 따라다니며 그를 괴롭혔습니다. 제대로 붙은 줄 알고 그냥 탄센병원으로 돌아와 정상적으로 외과 일을 시작했습니다. 그러나 동료들이 가만 내버려두지 않았습니다. 절뚝거리는 모습이 심상치 않아 보였기 때문입니다.

　엑스레이 촬영 결과는 심각했습니다. 대퇴골 전체를 치환하는 수술이 필요한 상황이었습니다. 존은 동료들의 독촉에 못 이겨 영국으로 돌아갔습니다. 그리고 그게 마지막 길이었습니다. 꼭 돌아오겠다는 약속은 공수표가 됐습니다. 아까운 의사 하나가 또 그렇게 사라져갔습니다.

날이 갈수록 의사가 줄어든다

존의 죽음은 탄센병원에도 말할 수 없이 큰 타격입니다. 더 많은 의사들이 들어와도 시원찮을 텐데, 도리어 날이 갈수록 줄어드니 큰일입니다. 선교병원에서 일하던 허다한 의사들이 이런저런 이유로 둥지를 옮기고 있습니다. 소명감이 부족해서라고요? 꼭 그런 건 아닙니다. 떠나는 이들 입장에선 지극히 당연한 이유들이 있습니다. 여태까지 어려움을 참아가며 일해준 게 고마울 따름입니다.

시골병원에서 일하는 의사들에게 자녀교육은 커다란 압박입니다. 탄센만 하더라도 초등학교 이상의 교육 과정이 마련되어 있지 않습니다. 카트만두로 내보내서 교육을 시켜야 하는데, 열 시간 넘는 거리를 오가며 뒷수발하는 일은 매우 부담스럽습니다. 어린 자녀들과 따로 떨어져 지내는 것도 고통스러운 일입니다. 따라서 자녀가 중고등학교에 들어갈 때쯤이면 대다수 선교사들이 본국으로 돌아갑니다. 카트만두로 자리를 옮겨서라도 하던 일을 계속하는 경우도 드문 편입니다.

남 얘기할 게 뭐 있겠습니까. 우리만 해도 아이들이 아니었더라면 탄센에서 좀더 오래 일할 수 있었을 겁니다. 거기 머물고 싶어서 안간힘을 썼지만 도리가 없었습니다. 오히려 동료 선교사들이 카트만두행을 권할 정도였습니다.

네팔 의사들에게는 두툼한 월급봉투가 커다란 유혹입니다. 선교병원에서 줄 수 있는 월급은 많아야 40만원 정도입니다. 바로 옆의 일반 병원으로만 옮겨도 최소한 130만원에 플러스 알파가 있습니다. 아이들에게는 장학금을 줍니다. 유능하다는 평판을 받고 큰 병원으로 옮기면 몸값은 훨씬 더 뜁니다. 선교병원들에게는 그렇게 큰 돈이 없습니다. 의료 인력의 수요는 나날이 늘어납니다. 곳곳에 설립되고 있는 의과대학에서는 교수요원을 못 구해서 안달입니다. 탄센병원에 있던 의사 하나도 인디아 접경 지대에 새로 세워진 학교의 주축 멤버로 들어갔습니다.

의사를 구하는 건 네팔뿐만이 아닙니다. 선진국에서도 의료 공백을 막기 위해 네팔의사를 데려갑니다. 미국에서 받는 연봉이면 이곳에선 어마어마한 거금입니다. 수많은 의사들은 미국으로, 유럽으로 떠나갑니다. 네팔 병원에선 점점 의사의 숫자가 줄어갑니다. 넉넉한 이들은 그나마 큰 돈을 내고라도 의사를 만날 수 있지만, 가난한 이들에게는 대책이 없습니다.

네팔에서 공부를 마친 젊은 친구들 가운데는 외국으로 유학가고 싶어 하는 이들이 많습니다. 훌륭한 크리스천 의사였던 사이먼이라는 친구도 미국으로 떠났습니다. UMN 추천 케이스로 인도의 벨로어 의과대학을 졸업했고 선교병원에서 의무 복무기간을 마쳤습니다. 반드시 돌아오겠다고 하지만 막상 돌아올 무렵이 되면 실리와 명분 사이에서 적잖이 갈등할 게 뻔합니다. 신앙도, 성품도, 지성도 출중했던 비지야빤디라는 친구는 단기사역을 하러 왔던 여성과 결혼해서 그녀의 고향인 오스트레일리아로 갔습니다. 됨됨이가 훌륭했던 만큼 아쉬움도 컸습니다. 장기간 투자하고 길러낸 소중한 자원들을 그렇게 보내는 게 마냥 안타깝지만 어쩌겠습니까, 다른 일도 아니고 결혼해서 간다는데. 닭 쫓던 개 지붕 쳐다보듯 입맛만 다실 밖예요. 그래도 마음만은 간절한가 봅니다. 이번에 기독의사회 수련회하는 데 십만 원 가까운 돈을 부쳐왔더군요.

이렇게 줄줄이 의사들이 새어 나가다보니, 선교병원에서도 크리스천 의사들을 보기가 하늘의 별 따기입니다. 파탄병원만 하더라도 15명 남짓 되는 과장 가운데 그리스도를 아는 이가 두어 명만 있어도 선교병원의 정신을 지켜내기가 한층 수월하련만 크리스천이 단 한 명도 없습니다.

원장 감으로 꼽히던 홈네오빠니만 해도 그렇습니다. 미국에서 류머티즘을 전공하고 돌아온 실력파 의사로 이곳에서는 특진 환자가 줄을 서는 인기를 누렸습니다. 신앙에, 실력에, 인품에 누가 봐도 선교병원을 받쳐줄 재목이었습니다. 하지만 복잡한 가정사가 발목을 잡았습니다. 출가한 딸의 가정에 어려움이 닥치고 미국에서 성장한 아들아이까지 새로운 환경에 적응하지 못하고 떠돌았습니다.

그런 와중에 받아든 한 장의 초청장은 마음을 온통 뒤흔들어놓았습니다. 미국 대학에 자리가 났으니 들어오라는 요청이었습니다. 결국 홈

네오빠니는 고향을 등지고 말았습니다.

   네팔의 의료 시설과 선교병원들을 인수해서 운영하고 있는 HSDC라는 단체의 요청은 절박합니다. 재정은 급하지 않으니 사람을 먼저 보내달라고 간청합니다.

   지역을 가리지 않으며 가난한 이들에게 사랑으로 의술을 베풀고자 하는 이들에게라면 비자는 얼마든지 만들어줄 수 있다는 얘깁니다.

이렇게 인력이 모자라는 것은

의사 한 명이 떠났다는 얘기가 들려올 때마다 가슴이 철렁하고 마음이 묵직해집니다. 카트만두로 나온 지 여러 해가 지났음에도 불구하고 탄센병원에 대한 부담감을 떨쳐버리지 못하는 것도 비슷한 이유에서입니다. 병원이 얼마나 분주하게 돌아가고 있을지, 일손과 장비와 약품이 얼마나 모자랄지, 시설이 얼마나 열악한지 누구보다 잘 알고 있기 때문입니다. 마치 직무를 유기하고 도망친 듯한 미안함이 항상 마음에 있습니다. 여름에는 휴가 대신 그곳에 가서 부족한 일손을 보태줄까 하는 궁리도 하고 있습니다.

   이렇게 인력이 모자라는 데는 선교단체들의 책임도 적지 않습니다.

사역을 시작한 초기에 의과대학을 설립해서 신진들을 양성했더라면 이렇게까지 인력난에 허덕이지는 않았을 겁니다. 오히려 크리스천 의사들이 네팔 의료계를 좌우하는 위치에 섰을지도 모를 일입니다. 우리나라에 들어왔던 선교사들이 의학강습소를 열어서 의료인을 양성했던 것과는 전혀 다른 양상입니다.

최소한 장학금이라도 두루 나눠주었더라면 얼마나 좋았을까요? 팀미션에서 운영하던 다델두라 병원에서 그런 실험을 했습니다. 학생 둘에게 중국에 유학할 비용을 대주고 공부를 시켰습니다. 병원 직원의 자제들이었는데 능력은 물론이고 신앙에서도 부족함이 없는 친구들이었습니다.

두 친구는 유학생활에 이어 탄센병원의 훈련과정까지 마친 뒤에 작년에 다델두라병원으로 들어갔습니다. 둘다 시골병원을 지키겠다는 의지가 분명합니다. 일찌감치 이런 일에 눈을 뜨지 못한 게 애석하고 또 애석합니다.

하지만 온통 어두운 소식만 있는 건 아닙니다. 따듯한 봄날이 멀지 않았음을 알리는 꽃 소식도 간간이 들려옵니다. 얼마 전부터 NSI▪라는 단체가 네팔 의료 환경 개선을 위한 투자를 시작했습니다. 향후 5년 동안, 백억 원 정도를 투입할 계획인데, 건물이나 시설이 아니라 인재양성에 투자한다면 엄청난 성과를 거둘 수 있을 겁니다. 의사들이 시골에 들어가 마음 편히 일할 수 있도록 자녀교육 프로그램을 개발한다든지, 장학금과 기숙사를 만든다든지 하는 쪽에도 투자가 이뤄질 전망입니다. 의과대학생들의 학비를 지원해주고 졸업한 뒤에는 일정 기간 동안 지방병원에 근무하게 하는 시스템도 큰 도움이 될 겁니다.

한편으로는 한국의 청년 의사들에게 거는 기대도 있습니다. 우리가 네팔로 나올 때만 해도 의료선교사로 지원하는 이들을 좀처럼 보기 힘들었는데, 요즘은 서원하고 준비중인 친구들이 제법 자주 눈에 띕니다. 넉넉하고 안정된 생활을 마다하고 자신의 의술과 사랑을 필요로 하는 자리를 찾는 이들에게 무한정 고마움을 느낍니다. 언젠가 네팔에서도 그들의 얼굴을 대하게 될 날들을 기대해봅니다.

■ NSI(Nick Simon Institute) – 닉 사이먼이란 청년을 기념해서 세운 재단이다. 네팔에서 10개월 동안 봉사활동을 했던 닉은 마음 깊이 이 땅과 이곳의 사람들을 사랑했지만, 고향에 돌아간 지 얼마 되지 않아 사고로 목숨을 잃었다. 주식투자와 컨설팅으로 큰 돈을 모은 그의 아버지는 아들의 네팔 사랑을 기리기 위해 100억 원을 투자해 이 재단을 설립했다.

남성, 또는 아들이 대우 받는 사회

정통 힌두교도들에게 결혼이란 사랑이나 선택의 문제가 아니라 전생에 정해지고 내생으로까지 이어지는 끈이다. 따라서 이혼이라든지 재혼은 생각할 수조차 없다. 이런 사상이 반영된 네팔의 가족법은 여성에게 가혹할 수밖에 없다. 남편은 아내가 불구가 되든지 아들을 낳지 못하면 이혼을 청구할 수 있지만, 여성에겐 그런 권리가 없다. 이혼이 성사되면 재산과 자식에 관한 모든 권리를 포기해야 한다. 따라서 여성에게 이혼은 곧 재난을 의미한다. 젊은 남성들조차 직업을 구하기가 쉽지 않은 현실에서, 나이 들고 이혼한 여성이 일자리를 얻기란 거의 불가능한 일이다. 관계가 법적으로 단절됐으므로, 자식의 부양을 기대하지도 못한다. 네팔 사회에 아들 선호가 극심할 수밖에 없다.

_ 〈Knowing About Nepal(FHI 발행)〉

네팔의 선교병원에 차가운 겨울이 닥쳤습니다.
그러나 여기가 끝은 아닐 겁니다.
벌써 냉랭한 공기를 뚫고 따듯한 바람이 느껴집니다. 꽃 피는 계절이 오려나 봅니다.

겨울, 그리고 다시 봄

기로에 선 선교병원, 대안을 찾아라

3

2006년 말, 정부군과 반군은 마침내 평화협정에 서명했습니다. 반군에게는 그날이 곧 승리의 날이었습니다. 곳곳에 지도자 프라찬드라의 사진이 나붙었습니다. 숨죽이며 살던 마오이스트들이 버스에, 트럭에, 승용차에 올라타고 퍼레이드를 벌였습니다. 카트만두 시내는 붉은 깃발을 휘날리며 질주하는 차량들과 대로를 가로막고 행진하는 인파로 가득 찼습니다. 그들이 울리는 경적소리는 네팔의 정치 상황이 격변기에 들어섰음을 알리는 신호였습니다.

  앞으로 정국이 어떻게 전개될지 누구도 짐작할 수 없습니다. 큰탈 없이 평화가 정착되면 참 감사한 일이지만 불행한 사태가 일어날 가능성도 엄연히 존재합니다. 전기와 수도가 끊기고 기름이 떨어져 주유소마다 장사진을 이루는 등 경제도 불안합니다.

정치적인 상황에 따라 선교병원들의 장래도 크게 달라질 겁니다. 이미 진행중인 변화의 속도가 훨씬 빨라지겠지요. 상황은 긍정적이지 않습니다. 외국인 의사로서 네팔에서 일할 수 있는 여건은 시시각각 나빠지고 있습니다.

선교병원 관련 업무가 보건부에서 복지부로 넘어가면서 관련 단체를 통해 봉사 목적으로 입국하는 외국 의사들도 비자 받기가 한층 까다로워졌습니다. 네팔에 머물 수 있는 자격부터 제한을 받기 시작했으니 다른 일이야 말해 뭐하겠습니까?

병원도 잃고 정신도 빼앗기려는가?

UMN의 정책에도 변화가 왔습니다. 선교병원을 네팔사람들에게 넘기는 쪽으로 급격한 방향 전환이 이뤄졌습니다. 50년 간의 의료사역을 정리하고 발을 빼는 쪽으로 가닥을 잡은 겁니다. 한국 역시 비슷한 과정을 겪었습니다. 하지만 대부분 크리스천 공동체가 물려받은 덕분에 선교사들의 설립 의도와 운영 방식을 비교적 온전하게 살려낼 수 있었습니다. 네팔은 상황이 다릅니다. 선교사들이 가꿔놓은 열매를 이어받아 더욱 발전시킬 만한 세력이 형성되지 않았습니다. 마음이야 굴뚝 같지만, 그럴만한 인적, 물적 자원이 없습니다. 한쪽에선 어서 물려주고 싶어 하는데 정작 받아야 하는 쪽에선 능력이 없는 안타까운 장면이 펼쳐지고 있는 겁니다.

이대로 세월이 흐르면 결국 선교병원은 정부로 이관될 공산이 큽니다. 처음부터 정부가 병원의 설립과 운영에 관여해왔기 때문입니다. 파탄병원만 하더라도 25년 전에 새 지역으로 옮기면서 소유는 정부가, 운영은 UMN이 맡는 형태로 협약을 맺었습니다. 당시로서는 불가피한 조처였지만 사업을 마무리지으려는 지금에 와서는 그게 일종의 족쇄가 되고 말았습니다. 이전 절차는 걷잡을 수 없을 만큼 신속하게 진행되고 있습니다. INF가 세운 포카라의 종합병원은 도립병원으로 간판을 바꿔달았습니다.

달라지는 건 간판이나 조직만이 아닙니다. 운영 주체가 달라지면 병원의 운영 원칙이나 분위기가 딴판이 되게 마련입니다. 기독교 정신에 입각해서 세워두었던 원칙들은 경제 논리 앞에서 위태로워질 공산이 큽니다. 가능한 한 환자의 입장에서 판단한다든지, 돈이 없어서 치료받지 못하는 경우가 없게 하자든지 하는 정신이 흐려질 테고 진료비 인상도 피할 길이 없습니다.

병원을 투명하게 운영하려는 노력도 심각한 도전에 직면할 겁니다.

지금까지는 의료선교사들이 원장을 비롯한 요직에 포진해서 병원을 깨끗하고 합리적으로 이끌어왔습니다. 진료뿐만 아니라 회계, 행정, 인사 등 거의 모든 영역에서 부정이 발붙일 자리가 없었습니다. 그러나 운영 주체가 달라진 뒤에도 그런 틀이 유지될 수 있을지는 의문입니다. 그동안 원칙을 지키느라 벌여야 했던 치열한 싸움을 생각하면 고개를 가로저을 수밖에 없습니다.

예를 들자면 이런 겁니다. 수납과 관련된 업무를 담당하는 직원 서넛이 공모해서 병원 금고에 넣어야 할 돈을 빼돌렸습니다. 원장은 관련자들을 징계에 회부했습니다. 뭐가 잘못됐는지 모르겠다고요? 그러시겠지요. 하지만 온정주의적인 정서를 가진 네팔사회에서는 그처럼 당연한 조처마저도 문제가 될 수 있습니다. 당사자는 물론이고 그 아버지까지 나서서 섭섭함을 표시했습니다. 한두 해 같이 일한 처지도 아닌데 좀 봐주지 뭘 그렇게 야박하게 구냐는 겁니다. 한술 더 떠서 부정을 바로잡아주지 않은 병원에도 잘못이 있다고 우겼습니다. 자신도 파탄병원에서 일했고 명망 있는 크리스천이며 교회의 장로였지만 자식의 허물 앞에서는 무한정 관대했습니다. 나중에는 없는 사실까지 지어내서 소송을 제기했고 노조와 지역 언론까지 상황에 끼어들었습니다.

당시의 원장이었던 마크 짐머만은 사건이 마무리되기까지 온갖 곤욕을 다 치러야 했습니다. 그로서는 참 억울한 노릇이었습니다. 원장이자

유능한 내과의사로서 병원 시스템을 획기적으로 개선했고 인간적으로도 따뜻한 면모를 가졌지만 정당한 대접을 받지 못했습니다. 합리적인 원칙을 지키려는 태도가 네팔 직원들의 정서에 거슬렸기 때문입니다.

소문을 들은 환자와 인근 주민들은 걱정이 태산입니다. 선교병원들이 기독교 정신을 바탕으로 운영된다는 건 삼척동자도 다 아는 일입니다. 선교사들이 의료 인력과 자원을 공급해가며 지역주민들을 섬겨온 역사가 50년에 이르면서 형성된 신뢰입니다. 거기 가면 공정한 대우를 받을 수 있고, 바가지를 씌우지 않으며, 정성껏 치료해준다는 생각이 주민들의 사고 속에 깊이 뿌리박고 있습니다.

그런데 그 병원이 이제 크리스천의 손에서 벗어나려고 하는 겁니다. 초등학교 교감으로 일한다는 한 주민은 "두렵다"고까지 표현했습니다. "누구나 공평하게 우수한 진료를 받을 수 있는 기관이 없어진다고 생각하니 너무나 두렵습니다. 네팔사람들이 운영하면 십중팔구 서비스 품질이 떨어질 겁니다. 조금만 더 선교사가 운영해주면 좋겠습니다."

네팔의 젊은 의사들은 조금만 더 시간을 끌어달라고 부탁합니다. 마음이야 천번만번 그러고 싶지만, 뾰족한 수가 없습니다. 때늦은 한탄이지만, 진즉부터 이런 날을 예상하고 차곡차곡 준비해왔더라면 얼마나 좋았을까요? 아직 성장중인 네팔교회는 그렇다 치더라도 다양한 역사를 경험했던 선교부의 대비가 부족했던 건 두고두고 아쉽습니다.

HDCS, 얼어붙은 현실을 녹이는 봄바람

선교병원의 주도권을 네팔사람들에게 넘기는 건 이제 누구도 거스를 수 없는 대세가 되었습니다. 앞으로도 의료진의 수급은 더욱 어려워질 게 뻔합니다. 네팔인의 손으로 만들어진 자생적인 선교단체가 나타나서 병원을 인수하고, 설립 정신을 지켜가며 일하는 것만이 현재로서는 유일한 방법입니다.

다행스럽게도 최근 들어 대안이 될 만한 세력들이 여기저기서 나타나고 있습니다. 특히 HDCS(Human Development Community Service)는 UMN의 사역을 이어받아 발전시킬 기대주로 인정받고 있습니다. 개인적으로는 7년 전쯤에 처음으로 이 단체의 실체와 마주쳤습니다. 네팔 국내선 비행기에서 잘 아는 목회자를 만났는데 병원을 인수할까 해서 실사를 다니는 중이라고 했습니다. 그때만 해도 허황된 꿈처럼 들렸습니다. '꿈도 참 야무지군.'

그런데 불과 몇 년 새에 상황이 달라졌습니다. 물밑에서 잠자고 있던 네팔 크리스천들이 수면 위로 올라온 겁니다. HDCS는 람중의 군립병원을 인수하고 대대적인 개조 작업에 들어갔습니다. 그리스도의 정신을 반영할 수 있는 원칙을 세우고 거기에 따라 운영 방침을 정했습니다. 반대도 만만치 않았습니다. 세계에서 단 하나뿐인 힌두교 국가 정부가 그

걸 녹녹하게 허락해줄 리가 없지 않겠습니까? 지역 정부와의 줄다리기는 끈질기게 이어졌습니다. HDCS 쪽에서 기독교적인 원칙을 인정해주지 않는다면 인수 협상에서 물러나겠다는 최후의 통첩을 보내고 나서야 간신히 합의가 이뤄졌습니다.

결과는 성공적이었습니다. 지금 람중병원에서는 아침마다 전 직원과 환자들이 모여서 예배를 드립니다. 병원 안에서는 누구나 자유롭게 복음을 전할 수 있습니다. 의사들은 환자를 위해 간절히 기도한 뒤에 수술을 시작합니다. 선교병원에서도 생각할 수 없는 일들이 군립병원에서 일어나고 있는 겁니다.

원칙이 바로잡히면서 운영에도 새바람이 불었습니다. 환자들을 보는 시각이 변하고 서비스가 달라졌습니다. 똑같은 비용으로 인간적인 대접과 정상적인 진료를 받을 수 있다는 소문이 입에서 입으로 전해지면서 환자들이 몰려들었습니다. 만성 적자에 허덕이던 경영 실적이 획기적으로 개선됐습니다. 람중병원은 정부의 의료 시설도 누가, 어떻게 운영하느냐에 따라 전혀 다른 결과가 나온다는 걸 입증하는 좋은 모델이 되었습니다.

병원을 실사하러 왔던 세계은행 관계자는 병원의 이모저모를 다 살피고 나서 '최고의 군립병원'이라고 평가했습니다. 30분 일정으로 왔다가 무려 세 시간을 머물며 확인하고 내린 결론이었습니다.

놀라기는 정부 쪽도 마찬가지였습니다. 이렇게 단기간에 그토록 엄청난 성과를 거둔 걸 보고 입을 다물지 못했습니다. 이제는 병원을 달라느니, 기독교 정신으로 운영하겠다느니 하는 씨름을 벌일 필요가 없어졌습니다. 보건당국에서는 전국에 흩어져 있는 공립병원의 명단을 제시하면서 마음대로 선택하라고 했습니다. 몇 개든 인수해서 마음껏 운영해보라는 겁니다.

람중병원의 성공신화는 철수를 계획하고 있던 선교병원들에게도 희소식이었습니다. HDCS에 넘기면 설립 정신도 운영 원칙도 고스란히 유지될 수 있으니 더 바랄 게 없었습니다. 팀미션은 다델두라의 병원을 맡겼습니다. UMN에서도 탄센병원과 오쿨둥가병원을 이관하려고 준비 중입니다. 몇 년 동안은 인수자와 인도자가 함께 병원을 유지하면서 재정과 인력을 공급하다가 차츰 주도권을 넘기고 빠지는 방식입니다.

정말 봄이 머지 않았나 봅니다

HDCS를 향한 마음은 두 갈래입니다. 네팔 교회와 크리스천이 그만큼 성장했다는 게 참으로 귀하고 대견하지만, 한편으로는 조마조마합니다. 이제 겨우 걸음마를 뗀 아이가 트럭 운전대에 앉은 걸 지켜보는 느낌입니다. HDCS라는 조그만 단체에서 맡아서 운영하는 병원이 무려 다섯 개입니다. 탄센, 다델두라, 오쿨둥가, 람중, 루쿰병원만 해도 예산 규모가 어마어마합니다. 하지만 자체적으로 확보하고 있는 재정이 거의 없습니다. 적자폭이 커지면 곧장 경영 부실로 이어진다는 뜻입니다. 만에 하나라도 삐끗하는 날엔 그동안 수많은 이들이 피땀 흘려 이룬 결과가 고스란히 물거품이 되어 사라질 판입니다.

HDCS 리더들이 초심을 잃지 않고 하나님 앞에서 중심을 유지하는 일도 대단히 중요합니다. 지금은 띨타타파라는 50대 초반의 목회자가 구심점 역할을 하고 있습니다. 네팔교회를 말할 때 빼놓을 수 없는 인물로, 홍콩에서 사회복지 관련 분야를 연구해서 박사학위를 받은 학자이기도 합니다. 정치권까지 광범위한 인맥을 가지고 있어서 크리스쳔 가운데 장관이 나온다면 단연 1순위로 꼽힙니다.

문제는 이 한 사람에게 집중되는 경제적, 정치적 비중이 너무 크다는 점입니다. 예산과 권한이 모두 한 점에 모여 있는 형국입니다. 앞으로는 더 많은 재정과 자원이 그를 통해 오갈 텐데 얼마나 균형을 잘 유지할 수 있을지 걱정이 됩니다. 혈연과 지연이 대단히 중요한 가치를 갖는 네팔 사회에서 가문의 압력을 물리치고 개인적인 야망을 죽여가면서 역사의 요구를 감당해낼 수 있을지 기대 반, 염려 반 입니다.

띨타타파가 부족해서라기보다 인간은 누구나 연약해서 언제라도 넘어질 수 있기 때문입니다.

그래서 어떡할 거냐고요? 도리 있나요, 기도할 밖예요. 간구하는 목소리가 벌써 하늘나라까지 도착했는지, 고무적인 소식들이 들립니다. 선교단체에서 일했던 각 분야의 전문가들이 속속 HDCS로 모여드는 중이랍니다. 대형 선교단체에서 모금을 담당하던 책임자가 합류하고 오랫동안 선교병원에서 일했던 시니어 의사가 의료 책임자로 부임했습니다. 전문가들이 늘어날수록 개인의 잘못된 판단에 조직이 흔들릴 확률은 줄어들 겁니다.

세계 각국의 크리스천 공동체와 자선단체에 상황을 알리고 지원을 끌어내려는 노력도 조금씩 결실을 맺어가고 있습니다. 대한민국에서도 적잖은 도움을 줄 예정이라는군요. 듣기만 해도 마음이 훈훈합니다. 정말 봄이 머지 않았나 봅니다.

네팔의 상징들

네팔의 국기는 세계에서 유일하게 직각삼각형 두 개를 잇대어 붙인 모양이다. 붉은색 바탕에 파란 테두리를 둘렀다. 붉은 색은 고르카 족의 용맹함을, 파란색은 평화를 상징한다. 안쪽에 그려져 있는 하얀색 해와 달은 영원 무궁하도록 빛나고 번성하라는 기원을 담고 있다. 해와 달이 왕과 왕비를 뜻한다는 해석도 있지만 분명하지는 않다. 나라의 짐승은 힌두교 국가답게 소이고 국조는 단폐라는 꿩이다. 나라꽃은 랄리구라스인데 철쭉과 꽃나무로 우리나라에서는 만병초라고 부른다. 독성이 강하고 붉은색 꽃이 핀다.

_ 〈Knowing About Nepal(FHI 발행)〉

약품이나 수술만으로는 건강 전선을 지킬 수 없습니다.
웬만한 공격에는 꿈쩍도 하지 않을 교두보를 쌓는 게 중요합니다.
의료보험을 시작하려는 뜻이 여기에 있습니다.

함께 뛰어주시겠습니까?

의사로서, 선교사로서 네팔의 환자들을 치료하며 13년을 보냈습니다. 길다면 길고 짧다면 짧은 세월이었지만, 천금을 주고도 바꿀 수 없는 보람을 얻었습니다. 누워 들어온 환자가 제 발로 걸어 나갈 때, 죽음의 문턱을 드나들던 이의 얼굴에 미소가 떠오를 때, 그늘진 영혼에 새 빛이 깃들 때마다 희열을 느꼈습니다. 하지만 한편으로는 아쉬웠습니다.

네팔에는 치료비가 무서워서 병원에 갈 생각조차 못하는 이들이 아직도 수두룩합니다. 식구들 가운데 누구라도 중병이 들면 논밭과 가축까지 다 팔아가며 뒷바라지를 해야 합니다. 병이 낫는다 해도 남는 거라고는 가난밖에 없습니다.

좀더 '근본적인' 대책을 세워줄 수는 없는 걸까요? 가난한 환자 대신 치료비를 내주는 것도 좋지만, 가난하든 부유하든 누구나 마음 놓고 병원에 갈 수 있는 환경을 만들 수는 없을까요?

해답은 보험이다

해답은 의료보험제도뿐입니다. 조합원들끼리 평소에 조금씩 자금을 모아두었다가 몸이 아플 때 나눠 쓰는 방법만이 고질적인 병폐를 끊을 수 있습니다. 우리에게는 이미 경험이 있습니다.

기억하십니까? 1960년대 말, 부산에는 장기려 박사가 이끌던 '청십자의료보험조합'이 있었습니다. 1989년 전국민 의료보험이 실시되기 전까지 이 조합은 21년 동안 부산지역 서민들의 건강을 지키는 든든한 울타리가 되어주었습니다. 해산하기 직전까지 조합원 숫자는 무려 22만 명을 넘었습니다.

지금 네팔의 사회 경제적인 상황은 대한민국의 60년대 초와 비슷합니다. 대다수 국민들이 빈곤선을 벗어나지 못하고 있습니다. 끼니 해결하기도 버거워서 건강 문제는 뒷전으로 밀려나 있습니다. 우리나라처럼 급격한 경제성장을 이룬다 해도 네팔에서 전면적인 의료보험이 실시되려면 적어도 30년은 더 기다려야 합니다.

그때까지 국민들, 특히 가난한 서민들의 건강을 보살펴줄 제도가 반드시 필요합니다.

일단 성공적인 의료보험조합 모델이 나오기만 하면, 다른 지역에 확산시키는 건 훨씬 더 쉬워질 것입니다. 행정이니, 절차니, 조직이니, 예산이니 하는 것들과 한참 동떨어진 외과의사가 의료보험 사업에 뛰어든 까닭이 여기에 있습니다.

2007년에 네팔의료보험연구소를 시작했으니까 아직은 준비 단계, 그것도 초기입니다. 그래도 머릿속에만 있던 계획이 종이 위로, 컴퓨터 파일로, 모임으로 조금씩 구체화되기 시작했습니다. 지난해 12월에는 관계자들을 모아 의료보험 세미나를 열었습니다. 재원을 확보하는 작업, 자원봉사자와 전문가를 구하는 작업, 후원회를 결성하는 작업도 모두 진행중입니다. 후원회를 맡아주실 분도 얼추 결정이 됐습니다. 어때요, 이만하면 열심히 한 셈이 아닌가요?

뭘 믿고 그러느냐고요?

어디서 먼저 시작할지는 결정되지 않았지만, 지금은 일단 인구가 5만 명쯤 되는 티미 시를 염두에 두고 있습니다. 한 가정(5인 가족 기준)에서

1,500원을 납부하면 그만큼을 외부에서 지원해주는 방식으로 재원을 마련할 계획입니다. 차츰 보험료를 인상하고 지원금을 줄여가다 보면 10년쯤 뒤에는 완전한 자립이 이뤄질 겁니다. 일차적으로는 조합원의 치료비와 입원비, 수술비 가운데 70퍼센트를 부담해주려고 합니다.

파탄병원과 협의해서 일반인보다 낮은 가격에 치료받도록 조처한다면 다소나마 비용 부담을 덜 수 있을 겁니다.

짐작하시겠지만 결코 쉬운 일은 아닙니다. 대부분 아무 대책 없이 하루하루 살아가는 네팔사람들을 설득하여 꼬박꼬박 보험금을 내게 하는 일이 가장 어려운 과제일 겁니다.

초기 단계부터 치밀한 계획을 세우는 한편, 지역 공동체와 정부의 도움을 받아 홍보하고 교육하는 일이 중요합니다. 필요하다면 집집마다 찾아다니며 설득도 해야겠지요. 한편으로는 고향 대한민국에서 후원자들을 개발해야 합니다. 단체와 개인, 큰돈과 소액을 가리지 않고 열심히 모금을 해야 이곳 식구들에게 좀더 나은 혜택을 줄 수 있습니다.

현재 네팔에서 잘 운영되고 있는 의료보험조합을 찾아서 공부하는 게 필수적입니다. 카트만두 근교 째빠가우의 의료보험조합은 1,200가정을 조합원으로 확보하고 매월 450원의 보험료를 받는 대신 진료비의 50퍼센트를 부담해주고 있습니다.

아직 보완할 부분이 많지만 그만하면 성공적이라고 평가할 만합니다. 이 조합이 걸어온 길을 잘 살피면 장차 마주치게 될 시행착오를 많이 줄일 수 있을 겁니다.

잘 해낼 수 있을까요?

사실은 능력 밖의 일이라 생각을 합니다. 보험은 메스를 쥐고 하는 일이 아니니까요. 더 잘할 분이 계시면 기꺼이 물러나서 뒷받침에 매진하고 싶습니다. 하지만 적어도 탁월한 전문가가 뛰어들기 전까지는 앞길을 예비하는 심정으로 최선을 다할 겁니다. 네팔사람들도 우리처럼 조금만 아파도 의사의 도움을 받을 수 있으며, 입원한 식구 때문에 살림이 심각하게 망가지지 않고, 네팔 국민들의 건강이 전반적으로 호전되는 날을 하루라도 앞당길 수 있다면 더 바랄 게 없습니다.

걱정이 되지만 무섭지는 않습니다. 오늘이란 시간에 도착하기까지 하나님의 도움 없이 혼자 힘으로 해낸 일은 단 한 가지도 없었습니다. 말할 수 없이 허약한 내가 이만큼 뛸 수 있다는 건 그분이 놀랍도록 탁월하다는 증거이기도 합니다.

그러니 걱정할 게 뭐 있겠습니까? 꾸준히 기도하고 묵묵히 기도하며 열심히 달릴 따름입니다. 여러분도 기도해주시겠습니까?

감 사 의 글

머리 숙여 깊이 감사드립니다

저는 매일 같이 환자들의 배를 열고 피를 보아야 밥맛이 나는 외과의사입니다. 이런 사람도 선교지에 필요하다는 도전을 받지 않았더라면 여전히 대한민국 어느 병원 수술실을 누비고 있었을 겁니다. 1988년 군의관 시절에 누가회 수련회를 통하여 부르심을 받았고 점차 소명과 확신을 가지게 되었으며, 지금은 의료선교사로 산 지 14년이 되었습니다.

지금은 카트만두에 있는 파탄선교병원에서 일하고 있습니다만, 처음 일을 시작한 곳은 탄센이란 시골의 선교병원이었습니다. 수도 카트만두에서 탄센에 가려면 버스로 12시간을 가야 합니다. 주변 200킬로미터 내에 한국 사람이라고는 한 사람도 없는 오지입니다. 130병상의 크지 않은 병원이지만 환자의 숫자는 어마어마해서 밤낮으로 열심히 수술을 해야 했습니다. 머리끝부터 발끝까지, 능력이 모자라면 배워서라도 모든 수술을 감당했습니다.

그러나 아직도 그때가 '내 생애 최고의 시절'이었다고 생각합니다. 최선의 장소에서, 최선을 다해 가난한 네팔사람들을 섬긴다는 의식에서였습니다. 어릴 때부터 가난한 사람들을 위해 살고 싶었는데 하나님께서 그걸 기억하시고 가난한 사람들이 대부분인 네팔, 그중에서도 가난한 사람들을 섬기는 선교병원에서 일하게 하셨습니다.

탄센에서 첫 2년의 시간을 보내고 있을 무렵부터 네팔 이야기를 적어 보냈습니다. 교회의 식구들이 선교를 깊이 이해하며 동참할 수 있도록 안내를 하는 것 역시 선교사의 의무라는 생각에서였습니다. 우리가 나누는 이야기들은 일주일에 한번씩 꼬박꼬박 청년회 소식지에 실렸습니다. 그게 벌써 10년 전의 일이므로, 여기 실린 글들은 강산이 한 번 변할 동안 네팔에서 하나님이 일으키신 역사의 기록이라고 해도 과언이 아닐 겁니다.

네팔은 선교가 시작된 지 55년이 되었습니다. 처음 25년 정도는 매우 적은 네팔 사람들이 예수를 믿게 되었습니다. 그러나 지금 네팔 교회는 세계에서 가장 빨리 성장하는 교회 중 하나가 되었습니다. 1995년 저희 가족이 네팔에 첫발을 디딜 때는 예수를 믿는 사람들이 20만 명이었습니다. 그러나 10년이 지난 지금은 70만 명이 되었습니다. 아마 또다른 10년이 지나면 200만 명을 헤아리는 교회가 될 것입니다. 이 일은 사람이 할 수가 없습니다. 하나님만이 하시는 일입니다.

여기서 나누는 이야기들도 사실은 하나님께서 네팔에서 하시는 일들을 기록한 것입니다.

감사하게도 하나님이 하시는 일에 미련한 우리 선교사들의 손과 입을 사용하시기에 그 선교사들의 이야기도 함께 말하는 것입니다. 아내와 저는 하나님이 행하시는 이 일을 널리 나누고 싶습니다.

곁에 두고 싶은 둘째 아들 가족을 멀리 떠나보내신 부모님, 우리와 함께 모험에 찬 길을 걸어온 세 아들과 저희가 네팔에서 일할 수 있도록 기도와 사랑으로 후원해주신 교회와 후원자님들께 이 책을 바칩니다.

조금씩 써놓은 글들을 더 많은 분들이 읽을 수 있도록 책을 기획하고, 우리를 격려하여 글을 더 쓰게 하고, 글을 다듬고 마무리를 해주신 최종훈 선생님께 깊은 감사를 드립니다. 최 선생님의 선한 뜻대로 이 글을 통하여 하나님의 이름만이 높이 들려지기를 원합니다.

2008년 2월
네팔 카트만두에서 양승봉 · 신경희

나마스떼 닥터양 그 이후

베트남 롱안 세계로 병원으로

저희 가족은 2009년 6월 안식년으로 한국을 나오게 되었으나, 가족들의 건강이 좋지 못하여 한국에 머물게 되었습니다. 한국에 머무는 동안에도 네팔에서의 사역을 염두에 두고 아내는 특수교육 대학원 공부를 하였으며, 저는 병원에 외과의사로 복귀하여 일을 하면서 네팔로 돌아갈 준비를 하였습니다. 그러나 예상치 않게 목디스크로 수술을 받게 되고, 안구건조증을 심하게 앓게 되어 네팔로 돌아가지 못하는 상황이 되었습니다. 네팔의 울퉁불퉁한 길과 먼지로 인한 각종 공해를 극복하며 살아 갈 형편이 되지 못하였습니다.

그러나 저희 부부는 현장의 사역자로 살고자 하는 열망이 가득하였습니다.

그래서 혹시 길이 좋고, 먼지가 없는 사역지가 없을까 생각하다가 베트남을 생각하게 되었습니다. 베트남은 아직 국민소득이 2,000불로 의료봉사가 필요한 나라이기는 하지만, 비교적 길이 좋고, 저희 부부의 건강으로도 일할 수 있을 것으로 생각이 되었습니다.

저희 가족은 2013년 7월 베트남으로 들어와 호치민시에 살며, 롱안 세계로 병원에서 일하게 되었습니다. 베트남 호치민시에서 서쪽으로 한 시간 반 정도 떨어진 롱안성에 위치한 종합병원입니다. 부산 세계로 병원과 포항 세명병원이 지원하고 있으며, 50병상 규모로 2006년에 개원을 하였습니다. 흉부외과 전문의인 우석정 원장을 비롯해 20명의 한국인 사역자들이 사역 공동체를 형성하여, 베트남 직원 65명과 함께 일하고 있습니다. 주로 베트남 환자들을 진료하고 있으며, 주변에 사는 한국인 환자들도 치료하고 있습니다.

롱안 병원은 환자 진료 외에 베트남 전쟁 때 뿌려진 고엽제 피해로 인한 선천성 기형 환자들을 돌보고 있습니다. 공식적으로 베트남에 고엽제 피해자가 600만 명에 이른다고 합니다. 선천성 기형 교정수술과 재활치료를 하고 있으며, 이동 재활 차량을 이용하여 제가 장애인 방문치료를 해 오고 있습니다. 2014년 7월 개원 예정인 고엽제 연구소 및 재활센터에서는 고엽제 피해로 인한 장애우들을 위한 수술, 재활치료, 교육, 유전자 연구를 할 예정입니다.

또 다른 중요한 사역으로 개원 이래 선천성 심장 질환을 가진 아이들을 200명 정도 수술 지원을 했으며, 언챙이 수술을 매년 1-2차례 실시하여 현재까지 100여명 수술을 했습니다.

나뭇잎으로 지은 집에 사는 가난한 사람들에게 집을 지어주는 〈사랑의 집짓기〉 사업으로 지금까지 100채 이상 새 집을 지어 주기도 하였습니다. 롱안 병원을 중심으로 베트남 사람들을 돌보는 일에 가능하면 오래 쓰임 받기를 고대하고 있습니다.

사명선언문

너희가 흠이 없고 순전하여……세상에서 그들 가운데 빛들로
나타내며 생명의 말씀을 밝혀 _ 빌 2:15-16

1. 생명을 담겠습니다
만드는 책에 주님 주신 생명을 담겠습니다.
그 책으로 복음을 선포하겠습니다.

2. 말씀을 밝히겠습니다
생명의 근본은 말씀입니다.
말씀을 밝혀 성도와 교회의 성장을 돕겠습니다.

3. 빛이 되겠습니다
시대와 영혼의 어두움을 밝혀 주님 앞으로 이끄는
빛이 되는 책을 만들겠습니다.

4. 순전히 행하겠습니다
책을 만들고 전하는 일과 경영하는 일에 부끄러움이 없는
정직함으로 행하겠습니다.

5. 끝까지 전파하겠습니다
모든 사람에게, 땅 끝까지, 주님 오시는 그날까지
복음을 전하는 사명을 다하겠습니다.

서점 안내

광화문점 서울시 종로구 새문안로 69 구세군회관 1층
02)737-2288(T) 02)737-4623(F)

강남점 서울시 서초구 신반포로 177 반포쇼핑타운 3동 2층
02)595-1211(T) 02)595-3549(F)

구로점 서울시 구로구 시흥대로 577 3층
02)858-8744(T) 02)838-0653(F)

노원점 서울시 노원구 동일로 1366 삼봉빌딩 지하 1층
02)938-7979(T) 02)3391-6169(F)

분당점 경기도 성남시 분당구 황새울로 315 대현빌딩 3층
031)707-5566(T) 031)707-4999(F)

신촌점 서울시 마포구 서강로 144 동인빌딩 8층
02)702-1411(T) 02)702-1131(F)

일산점 경기도 고양시 일산서구 중앙로 1391 레이크타운 지하 1층
031)916-8787(T) 031)916-8788(F)

의정부점 경기도 의정부시 청사로47번길 12 성산타워 3층
031)845-0600(T) 031) 852-6930(F)

인터넷서점 www.lifebook.co.kr